僞文少女醫科札記

成醫路上的尋思與點滴

代序一

一個出色的醫生是怎樣煉成的？經過課堂、實習和其他教學方法，我們在大學裡為醫學生裝備了足夠的認知和技巧；然而，好醫生須要具備的其他質素如同理心和社會責任感，則需要醫學生用心靈去領會，並不是我們可以用言語去教導的。

我從胡醫生的書裡看到，她固然明白醫學院的教授幫助了她完成過去幾年的學習，但最重要的還有大體老師（遺體捐贈者）的捨身成仁、很多香港市民願意讓醫學生和未有太多經驗的實習醫生問症與檢查，這些她遇見的無私生命，讓她得到了知識，同時學會感恩。所以，希晴分享的不只是醫學學習的心路歷程——各種快樂、痛苦、挫折、反思、頓悟、感動和奮鬥，還有更多是人與人之間的關愛和互信，亦正是現今社會最需要的。

成醫之路很漫長，在醫學院裡的幾年醫學學習只是一個開始，往後還有好幾十年的路要走，須要活到老學到老。所以，有人說醫生不是一個職業，而是一個人生志向。祝福希晴，初心不變，繼續往仁心仁術的目標進發！

陳立基醫生

香港大學生物醫學學院副教授、
香港大學「大體老師」遺體捐贈計劃統籌

代序二

學會死亡，你便學會活著。

米奇・艾爾邦在《最後 14 堂星期二的課》如是說。

可惜，人只能活一次，如何學會死亡、學會活著，這是人生最難也是最重要的課題。

曾經有位同學問我：「人生的意義是什麼？」我知道當他提出這問題時，內心充滿痛苦，對人生失去了希望。然而，人生的意義，又豈能從他人口中得到答案？任憑我說得多漂亮，那都不是他的人生。

看完希晴的《偽文少女醫科札記》，我忽發奇想：假若每個學生都能到醫院上一節生命教育課，人生的意義便再不是虛無飄渺、冠冕堂皇的紙上談兵。

在此書中，作者以她專業的醫學知識以及敏銳的情感觸覺，帶領讀者通過文字走遍醫院的不同角落——在婦科見證生命的隕落，在骨科鑑賞醫生的手藝，在內科倒數死神的來臨……種種經歷，讓讀者體會到醫院不只盛載生與死，也是充滿哲理和人文內涵的人生博物館。

昔日魯迅棄醫從文，為的是透過文字喚醒昏睡的中國人。今日，希晴既從醫，也行文，相信《偽文少女醫科札記》可以為對生命一臉茫然的年輕人帶來點點啟示。

劉順敏老師

自序

法國作家西蒙波娃説過：「這是我的經歷，不過分亦不刪減的記錄了所見所思。如此而已。」

我有寫日記的習慣，從前偶爾也會把病房裡的二三事寫進簿裡，但是雜亂無章、難以成文。直到五年級那年，我完成了第一水婦產科的見習後，首次一氣呵成地寫下兩篇隨筆，把憋在心裡的想法釋放出來，也好好記錄了自己的學習見聞。寫著寫著，就有了「五年級專科見習誌」這一系列文章，也開始了經營臉書專頁的日子。

巫師用魔杖一端指住自己的太陽穴，把一根長長的銀白色記憶絲線抽出。我覺得寫作也像一個掏空記憶與靈魂的過程，透過筆尖，成了一個個墨水文字。這本札記是一個儲思盆，收集了我過去幾年的醫科見習與實習回憶。我希望這書除了滿足讀者的好奇心，能讓大家從中窺探醫科學生、實習醫生的生活點滴外，也冀望當中的文章能帶出有意義的訊息。這些都不是曉以大義的大道理，只是我身為醫者從病人身上有所領會的小感悟。

把過去的文章結集成書的過程比我想像中複雜，我想在此感謝出版社的編輯和設計師默默的付出；亦要感謝不同的網絡媒體曾在網上轉載我的文章；同時也感謝為我撰寫代序的兩位恩師——大學醫科教授 Professor Chan 與母校中文老師 Miss Lau；最後要謝謝家人、朋友與讀者們的支持。

這本書記錄了我在醫院裡的見聞、成醫路上的點滴，僅此而已。

僑文少女
醫科札記
PIENI

目錄

Chapter 2 五年級專科見習誌

Chapter 3 臺大急診交流記

Chapter 4 候士民求生記

前言

致青春

六年前的我：

大學生活的序，就是迎新。甫進這所以往一直渴望考入的學府，你還在忙著適應新環境吧？成為大學的 freshman，熱熱鬧鬧地體驗過一連串迎新活動後，你有一絲失落與迷茫嗎？

開學後，接下來還有數之不盡的 hall visit、cheer 練習、傾莊茶會、樓層聚會、隊伍訓練、籌委會議等等。午夜後的舍堂活動將會佔據你的休息時間，但這比起我當實習醫生那年的 on call 歲月已舒適得多，至少你明早可以選擇繼續倒頭大睡——「走堂」可是大學生的專利。

回想起來，大學生活確是自由自在、多姿多彩，但面對著眾多的抉擇，要如何取捨與排序，六年前的我亦曾同樣迷失過。人人都說要「搏盡無悔」，自己又應該往哪個方向走呢？

在「大學五件事」中，讀書可說是每個學生最基本的責任。一、二年級的理論課是醫學知識的基礎，從前我沒認真研習，總是在考試前才趕忙清 lecture。要是你能早一點做好準備，日後在臨床見習期就不用追趕進度得如此吃力，被教授「抽書」的時候也能多答對問題吧。不過，每個人的資質、興趣與期望也不同，有人苦讀為了科科「擺丁」；有人但求「碌過」年年升班；有人考試失手要重讀；也有人中途轉科重新出發。不用跟別人比較，認清自己的目標就足夠了。

這幾年間，你將會遇到許多崩潰沮喪的時刻——讀過的東西總是過目即忘、轉瞬即逝；教授們的冷言冷語、嘲諷抨擊；多番質疑自己是否適合讀下去……但身為醫科生的經歷是奇妙的，這裡不僅是一間職業訓練所，遊走於產房、殮房、手術室、羈留病房與精神病院之間，更讓我見識到生老病死、人生百態，希望你也會好好珍惜這些難得的學習機會吧。

至於上莊與住 hall，兩者亦會令你獲益良多。在舍堂擔任文字傳媒編輯，一圓出版的夢，也藉著上莊找到自己的定位。儘管長篇大論只換來匆匆一瞥，即使嚴肅議題把大部分讀者都嚇退，但我們依然相信文字的力量，務求令堂友對周遭發生的事情有所反思。

由「小仙」升至「超仙」，每年以不同身分經歷的註冊日、迎新營；參與過的每一場球隊賽事、樂隊表演；與樓友、莊友、OC mate 共事共處的時光——全都是會閃閃發亮的珍貴片段。你如今才剛剛搬進舍堂，到你要離開的時候，自會驚覺曾在這裡揮霍了多少青春，又累積了多少感情與回憶。

剩下來的兩件事就是拍拖與兼職。老實説，跟中學時期的戀愛、兼職補習也差不多，只是轉換了較大型的社交圈子，大家在同一個 pool 裡跳出跳入，人物關係自然變得錯綜複雜。

除了上述的五件事，要是你能突破既定框架，其實大學生活還有更多可能與選擇。有人趁交流時窮遊歐美；有人自願參與義務工作；有人組織政黨關注社會議題；有人在街頭賣唱追逐夢想；有人以小本創業建立自家品牌；有人專注研究編寫論文；有人參加賽事為港爭光……大學是一個讓人成長的地方，趁還未有工作的枷鎖、現實的羈絆，就好好利用這幾年尋覓方向、裝備自己、實現埋藏在心底已久的夢想。

下筆寫這封信給十八歲的你，或許未必能改變什麼。「拾捌」二字裡有合亦有別，我在過去幾年中的得與失也無從數算清楚，但能夠完成五年醫學訓練、一年實習生涯，走到這個人生階段，也要感謝自己從前的努力和付出。

謝謝你，給我帶來過去六年難忘的回憶。
致我們終將逝去的青春。

六年後的我

Chapter 1
醫科女生之學習日常

醫學院收生指南

「怎樣知道自己適不適合讀醫？」
「為什麼當初你會選擇醫學系？」
「要如何準備才能考上醫學院？」

我曾經受到師弟師妹、姨媽姑姐，甚至街坊鄰里追問以上的問題，我總是不厭其煩地回答一遍又一遍。這裡我分享一下自己當年的入學經歷，再加插一些近年的收生資訊，希望讓有志讀醫的學子們在大學選科前能對醫學院有多一點了解。

入學途徑

已成為歷史遺物的香港中學會考（HKCEE），對如今的高中生來說可能比較陌生。

身為末代會考生的我，當時是透過拔尖計劃（Early Admission Scheme）考進港大醫學院的。根據現時的學制，入學途徑主要分為大學聯合招生辦法（Joint University Programmes Admissions System，簡稱 JUPAS 或聯招）與非大學聯合招生辦法（non-JUPAS）這兩種。應考香港中學文憑考試（HKDSE 或文憑試）的學生可透過 JUPAS 來獲取學位；以 non-JUPAS 途徑報考的，多數是從外地或國際學校畢業的高中生、持有某個學士學位的大學畢業生等等。

另外，港大醫學院亦新設了一個入學途徑，讓正在修讀其他學系的學生，或已持有學位的在職人士，有第二次機會報讀醫科課程，這項計劃稱為「毅行醫路」。過往有不少專業人士願意放棄高薪厚職，重拾兒時夢想投入杏林界呢！

現時香港只有兩所大學設有醫學院，分別是香港大學及香港中文大學。要成為醫生，就必須修讀內外全科醫學士（Bachelor of Medicine and Bachelor of Surgery），香港大學的學位名稱是 MBBS，香港中文大學的卻是 MBChB，其實兩者都源於拉丁文 Medicinae Baccalaureus et Baccalaureus Chirurgiae，只是簡稱不同而已。

近年，兩大醫學院的收生名額不斷遞升，由我當年入學（二〇一一年）的三百二十人增至過往幾屆（二〇一二至二〇一五年）的四百二十人，自二〇一六年起每年更會招收合共四百七十名醫學生。

收生門檻

要入讀香港大學的 MBBS（JS6456），學生要在文憑試四科主科（英文、中文、數學及通識科）至少取得 4、3、2、2 級的成績，另外要有兩科選修科具 3 級或以上，當中之一必須為化學或組合科學（化學）。以上是「四加二」——四個核心科加兩個選修科的計分方法。二〇一六年港大的錄取分數平均為三十八分，最低也要達至三十六分的成績才有機會入讀。但自二〇一七年起，收生分數不再以「四加二」為計分方法，而轉以「最佳六科成績」計算。即是說在文憑試的語文科或通識科不幸失手，考生亦能靠選修科的優秀成績來爭取學位。

至於香港中文大學醫學院的 MBChB（JS4501）是舊有的傳統醫學課程，另設有環球醫學領袖培訓專修組別（Global Physician-Leadership Stream，簡稱 MBChB-GPS，JS4502），兩者的入學基礎門檻都要求報讀者必須修讀生物或化學科，英文科要取得 4 級或以上的成績。按近年的收生數據顯示，文憑試考生須考獲最佳七科合共四十一分才能獲得 MBChB 的面試機會，而 MBChB-GPS 更專門招攬精英中的精英，報讀者至少要考獲最佳七科合共四十六分的佳績，而其中四科必須為 5** 等級！

在從前會考高考年代，只需說一句「會考八優」或「A Level 3A」，就能概括地說明醫學院的收生準則。現今的計分方式真的讓人眼花繚亂，我以上所引的數字亦會像海鮮價般隨著市場有升有跌，所以一眾學子還是要緊貼每年的最新資訊來作參考啊！

無論是哪一種計分方式，醫學院的入學門檻一直都有一定的高度。假如學生缺乏良好的語文及科學基礎，日後又如何應付無窮無盡的專業詞彙和考試呢？

選科考慮

想當年會考放榜，我收到始料不及的好成績，心情固然興奮。冷靜下來後，我才驟覺自己要提早一年作出大學選科、職業路向的抉擇。身為一個十八歲的女生，我對將來當然有不同的想像。我熱愛音樂與文字，但把興趣當成正職帶來的會是幸福還是壓力呢？在香港社會從事藝術領域的工作，又能否輕易賺到一份能養活自己和家人的收入呢？或許是我不夠勇氣去追夢，畢竟每個人都有各自的選擇，而當時的我寧願將嗜好留在餘暇裡享受，選科擇業的事就用排除法來篩選。

雖然我在高中時修讀的全是理科科目，但自己對精算、科學或工程系真的一點興趣也沒有；環球商業、工商管理等學科也不在我的考慮之列，因為我深知自己不是做商界女強人的料子！媽媽也曾問我要不要修讀法律系，她可能看了太多電視劇，竟然幻想我能成為大狀，我說我的口才不夠好。

那麼醫科呢？我不怕血，不怕解剖，生物學是我最喜愛的理科科目，曾經是童軍與紅十字會隊員的我對急救也不陌生，我對醫科沒有半點抗拒，而且當時的成績亦符合收生要求，那就不妨一試吧！我當時只是想窺探一下這個神秘的學科，心想要是自己讀不來，待明年轉系也不是難事，想不到我如此誤打誤撞，竟踏上了一條「不歸路」。後來我繼續修讀，就更認定自己沒有選錯科——在這幾年的醫學訓練中，我體會到醫學並不是冷冰冰的科學，而是一門充滿人文內涵的藝術呢！

你或會問，高材生必定適合讀醫或行醫嗎？我覺得成績好固然是先決因素，畢竟這是關乎性命的學科。我相信先要有醫術，才能談醫德。但同時，適合行醫與否也視乎個人的性格與能力。

首先，醫生這個職業並不是 one-man-band 便能成事的。就算擁有頂尖知識與豐富經驗，你還是要與醫療團隊緊密合作，所以善於溝通、懂得待人接物這些要素極為重要。

第二，身為醫者，一顆同理心是必要的。病人和家屬是活生生的血肉之軀，並不是一個個病例。對於他們所要面對的情緒和感受，應以同理心設身處地多作了解。

第三，細菌和病毒會不斷變種，隨時會出現前所未見的奇難雜症。面對未知的眾多因素，醫生要具備強大的抗壓能力與批判性思維，一個快而準的診斷足以拯救一條生命。

以上這些都是醫生要具備的重要條件，面試的時候考官就是想在你身上找到這些特質。

面試準備

當你有合乎門檻的成績，並已決意選讀醫科後，你還有一關要闖——面試。自我介紹、選科原因當然是面試的必答題。想要在眾多考生中突圍而出，就要認真想清楚自己為什麼想讀醫、有什麼優缺點等等，不要只背誦那些「從小就立志救人」的沉悶答案或胡謅自己兒時患病受醫護感動的經歷，更不要說是母親想你報考，那就跟「上帝叫我參選」一樣無稽嘛！

分享我當年到兩大醫學院面試的經歷吧。中大的入學面試是以二對一的形式進行，主要問及與履歷表、選科排序相關的問題，亦有考問我對醫療議題的認識，還要求我即場示範如何勸導一個病人戒煙。港大的面試則是一場雙語的小組討論，其中一道題目是「The Pros and Cons of Facebook」，跟醫科完全扯不上半點關係。

自二〇一七年，港大醫學院改變了面試模式，增設迷你多站式面試（Multi Mini Interview，簡稱 MMI）。考生要在四大關卡中回應考官的提問，八分鐘的對答內容分別圍繞倫理道德、溝通技巧、時事常識與批判性思考。我建議考生要多看不同的新聞報導與時事分析，《鏗鏘集》、《新聞透視》都是值得多留意的節目。近年的熱門考題包括器官捐贈、大體老師、醫療事故、醫委會改革及預設醫療指示（advance directive）等，這些都是一個準醫科生不得不多作了解的議題。

以上的經驗分享希望能給有志讀醫的你一些想法。其實每一個學科背後都有其好壞之處，有興趣的同學不妨預先到升學資訊日打探清楚，看看自己會否被嚇退才再作決定！

醫科的流動教室

在本地醫學院的課程前期，我們主要學習基礎醫學理論，掌握以後就踏入臨床見習期（clinical clerkship），開始將所學知識應用到真正的病人身上。

在香港大學醫學院的課程前期，即舊學制的首兩年、新學制的首三年，我們會按照不同身體系統的分類來學習基礎醫學知識，當中包括呼吸系統（respiratory system）、心血管系統（cardiovascular system）、中樞神經系統（central nervous system）等。

接下來，醫學生會進入初階見習期（junior clerkship）與高階見習期（senior clerkship）。這兩個見習期分別為期半年，內外兩科是課程重點，在 multi-disciplinary block 亦會介紹如眼科、耳鼻喉科、麻醉科等其他專科的入門知識。專科見習期（specialty clerkship）則等同於醫學生的 final year，醫學生要在一年間走訪婦產科、兒科、外科、骨科、精神科、家庭醫學科與內科，在各科中通過一關又一關的考試才能順利畢業。

而實習期則是指在完成五或六年制的醫科課程後，醫科畢業生在各公立醫院擔任實習醫生的時期，為期一年。

以上只是簡單介紹了醫學院的課程架構。而我在五年學醫生涯中，卻不如想像中一樣，只進出演講廳或實驗室。醫學生的課室是經常變動的。一間病房、診所、手術室，甚至解剖室和公眾殮房都是我們的上課地點。

演講課

Lecture 或 whole class session 都是指教學的演講課。全級的醫科學生會聚集在 lecture theatre 裡，拿出預先印好的課堂講義或打開電腦裡的簡報檔案，一邊聽教授講解，一邊抄錄筆記。

解剖學（Anatomy）：認識人體各個系統與器官的結構特徵，學習辨別每塊肌肉與骨頭的位置與作用、追蹤每條血管與神經線的行走路徑。

生理學（Physiology）：了解體內的正常運作機制，微小至每個細胞與分子都是研究對象。

微生物學（Microbiology）：探討病原與細胞之間的微型戰爭，要尋找各種細菌、病毒、真菌與寄生蟲的藏身之處。

病理學（Pathology）：藉著觀察體內的異常組織病變，從而了解不同疾病的發病原理。

藥理學（Pharmacology）：闡釋藥物在進入人體後的轉化過程、它們對身體產生的作用與副作用等。

打好以上的基礎後，在高年級的演講課中就會講解不同疾病的徵狀、檢測結果與治療方法。精彩的演講課會讓我們獲益良多、拍掌叫好，但若講者只是如「唱K」般沉悶地朗讀出每張投影片上的文字，那麼台下的學生大多都會選擇打瞌睡或乾脆自修算了。

導修課

香港大學醫學院推行的是小班教學的導修課（problem-based learning，簡稱PBL）。導師會先向每位學生派發一頁附設延伸問題的病例簡介，然後學生要自發進行小組討論，訂立一些 learning objectives，再合力研究病例、搜尋答案，其後獲派一頁接一頁的進展，直至個案完結。聽起來好像很有趣，但導修課的老師大多不會干預學生們的討論，甚少提供教學或指導。説穿了，所謂的自主學習就是自學吧。

實驗課

實驗課（practical）能讓我們實踐在演講課中學會的書本知識。例如在解剖學認識了各種人體器官及系統後，便會接觸大大小小的人體模型與圖鑑；生理學的實驗課要運用不同的儀器與圖表，包括利用肺功能量計（spirometry）測試肺活量、以心電圖（electrocardiography，簡稱 ECG）記錄心臟的電流活動；微生物學要我們學會如何用培養皿（petri dish）種菌、檢測抗藥性；身處病理學實驗室，我們則要在顯微鏡下觀賞那如萬花筒似的染色標本切片。

解剖課

每個醫學生都會有「劏屍」的體驗，正式的課程名稱是 dissection。在解剖課中教學用的遺體，我們尊稱為「大體老師」。

在第一堂解剖課開始前，教授會先帶領學生進行簡單而隆重的默哀儀式，我們在數分鐘的默哀中閉目反思：解剖桌上躺著的不只是一個軀殼、一具屍體，它曾是別人的父母、伴侶、子女或朋友，雖然靈魂離開了人世，卻繼續以生命影響生命……

打開亮銀色袋子的拉鍊，福爾馬林（formalin）的濃烈氣味撲鼻而來，我隔著薄薄的口罩也可嗅到。福爾馬林是一種用作防腐處理的溶液，早在學年開始前，這群無言老師已默默地躺在遺體儲存室，等候著新一批醫學生的來臨。

根據課程進度，醫學生會逐一對不同的身體系統進行解剖。人體的各個內臟器官立體地呈現在我們眼前，不再是書本上的圖像或硬邦邦的模型，這讓我們對奧妙的人體構造有更真切的認識。解剖同時也是最真實的實踐，有大體老師於生前說過：「寧願學生們在我身上劃錯千次，也不願未來的醫生在病人身上下錯一刀！」衷心感謝這群無私捐軀的大體老師。

臨床教學

顧名思義，臨床教學（bedside teaching）的上課地點就是病人的床邊。教授會事先安排幾個真實個案，讓我們分批向病人進行問診與檢查，待他回到病房後，每個小組就要派一名代表作口頭匯報。

臨床評估分為兩種。Short case 著重的，是身體檢查的手法與準繩度；long case 則是涵蓋整個病例的詳細報告，每一點都需要仔細討論。

抽書大會

在課程表裡，還會列出一大堆巧立名目的課堂，像 case check、teaching clinic、interactive tutorial 和 scenario discussion ——其實全都是「抽書大會」。在課堂上，教授們會不斷發問，你僥倖地答對了一兩條問題並不代表能逃過一劫！因為更艱深的問題陸續有來，一旦有醫學生回答不了或答錯了，就有可能被當眾責罵。每場抽書大會前，身為學生的我們都習慣先放下自尊，待下課後才在門外認領回來。

導賞團

除了一般的常規課堂，醫科學生偶爾也有出外探訪的機會，心情跟小學生離校參觀科學館沒兩樣！

我曾重臨滿載童年回憶的牙科保健診所與學童保健診所；進產房及到母嬰健康院追蹤嬰兒的成長歷程；到訪藥房、中醫診所及復康服務等不同醫院部門了解運作模式。

令我印象最深刻的，就是去殮房參觀，沉重地走了一趟。換過衣服後，我們一組人便跟隨工作人員踏進一個冷冰冰的房間，大家默默地站在不鏽鋼長枱的兩旁，看著法醫純熟俐落地示範了一次驗屍解剖。過程當中令我最震撼的，並非看到那些殘餘的屍斑（livor mortis）與屍僵（rigor mortis），也不是因為屍體皮肉分離或臟腑四散，而是那頭顱被剖開後，軟綿綿的腦組織像腦斷層掃描般，被切割成一截又一截作檢查！我腦海中想著，那逝去者的記憶被如此分割成碎片，灰飛煙滅了嗎？但想深一層，人匆匆過一生，最重要的不是能帶走什麼，而是在世間留下了什麼，那些最寶貴的回憶大概已存活在別人的心中。

雖然在醫學院的訓練是漫長而痛苦的，但每個流動教室都為我們提供了相當寶貴的學習機會。由死物到活人，從紙上談兵進化至科學實驗、臨床實踐，這些都成為我們日後行醫的重要養分，也是一段令人懷念的歲月。

帶著「簿藏」闖關去

內外全科醫學士的課程從來沒有所謂的考核範圍，因為任何存在於世上的疾病或是有關人體內的所有細節，理論上都有機會在試題中出現。近來我翻箱倒篋找回這幾年讀醫時的學習筆記，翻著翻著，或已失散的記憶因而被打撈回來，那些都是我捨不得扔棄的「簿藏」。

課堂講義

剛剛升上大學一年級的時候，我每天都攜著一疊白紙進出醫學圖書館，並不是要「摺lib」（意為「躲在圖書館」）苦讀，只為善用免費列印配額，準備好翌日早課的lecture notes。我試過誤把整份簡報印成單面全頁，也遇過不少紙張卡住、打印機墨水耗盡的慘況。回頭呆望著那長長的輪候隊伍，轉眼間別人已把筆記印在你剛放進去的那疊白紙上！

然而，你又何嘗未曾錯用過誰的白紙呢？如今看來都是等閒事了。

近年醫學圖書館翻新了電腦系統，列印過程比以往更方便快捷。可惜我早已放棄把課堂講義逐份逐份印製，也慵懶得連自己翹了多少「八半課」也沒法數清了。

電子筆記

自從不再依賴傳統的印刷講義後，我便加入了「鍵盤戰士」行列，把教授預先上傳的講義檔案下載到平板電腦上。課堂上我能即時輸入筆記，既環保又快捷。將筆記電子化後，我又可隨意加插圖表、相片或錄音檔案。井然有序的筆記檔案排列在電腦中，亦更便於搜尋。只是電子產品的誘惑實在太強了，無論是課堂上還是溫習中也常讓人偏離「正途」，難以專心。

神碟天書

「神碟」（goddisk）絕非從天而降的，而是一代傳一代，在各屆醫學生之間流傳的壓縮檔案，內裡的天書、試題蘊藏了各學科的精華，更集結了前輩們的學習經驗。我們都以

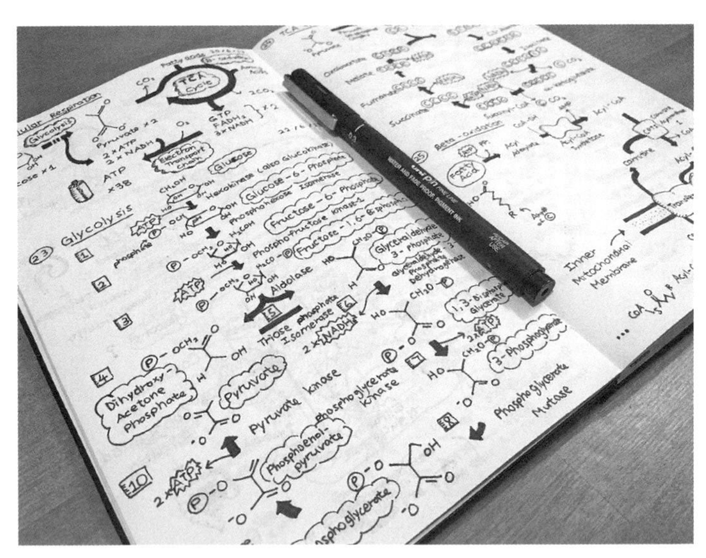

雖然現在的我已忘記了糖解作用（glycolysis）的代謝途徑，但這密集的一頁也紀念我曾經這麼青春過。誰的青春不迷茫？哪個醫學生不用走過這些路徑呢？

鐵圈釘裝好天書，人人手捧一本，視之為考試秘笈。翻開內頁，全塗滿螢光筆的線條，久而久之也分不清哪句才是重點了。

獨家筆記

除了那堆又厚又重的 lecture notes、佔據了極大容量的電子筆記，我還有幾本獨家珍藏的私密筆記，全是我捨不得丟棄的回憶。

手繪而成的解剖圖鑑、手抄筆錄的藥物名冊、自行創作的記憶法大全、日常抄下那些老是記不牢的重點、偶爾記下有趣的課堂與見習生活……這些筆記和日誌由我親手寫過一遍，記憶特別深刻。

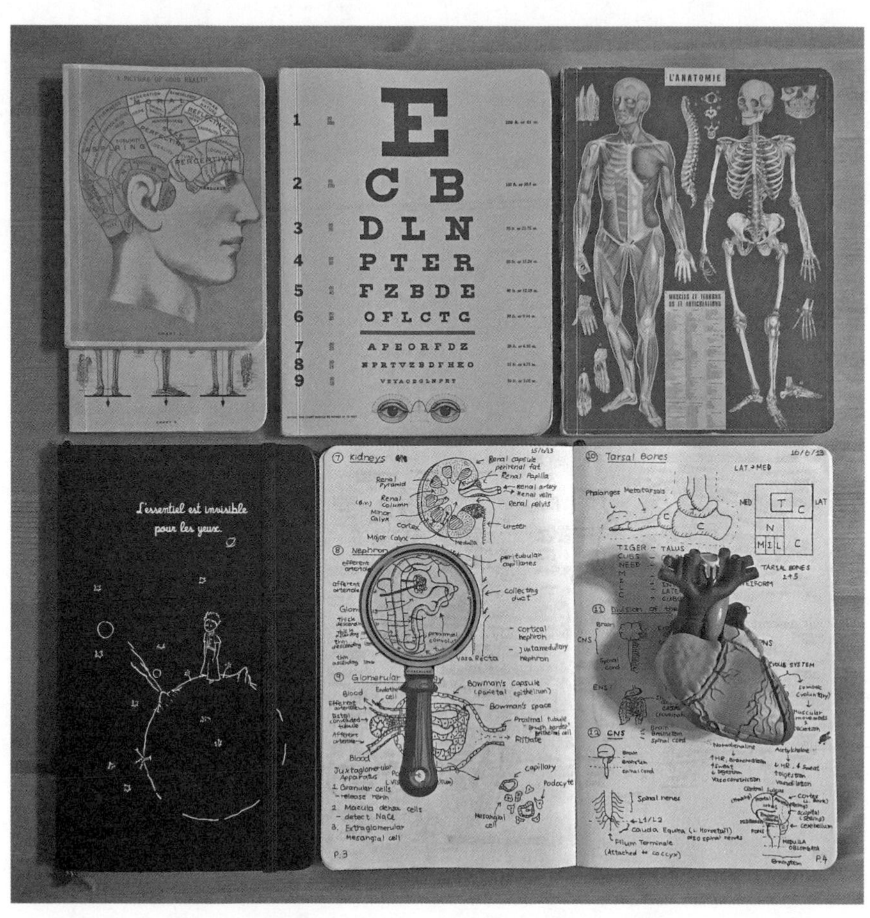

成長就是，你發現自己不知不覺學會了很多，同時卻遺忘了更多，幸好有這些陪我走過這五年的「簿藏」，每一本都連結著不同的回憶。

不像其他學科的同學要計算 GPA、「追 HON」，醫學生的成績只以 distinction、pass 或 fail 來劃分。而醫學生常被標籤為一群只擅長考試的書呆子，旁人或許難以理解，為什麼每逢醫科考試的季節，我們都必定叫苦連天呢？

事實上，醫科考試範圍根本是無邊無際！我們沒法搬出 out of syllabus 作藉口，高深莫測的試題內容總是在挑戰人類記憶的極限。世上有千千萬萬種疾病等著我們去學習，在考試中出現的偏偏是甚為罕見的病例。所以無論我們努力地啃了多少 lecture notes、每日留在病房 clerk 了多少個 patient，也難以確保自己百分百合格，要隨時抱有重考或留級的心理準備！

就是因為存在太多未知數，我們才會如此驚惶失措，也變得迷信起來。港大校園就流傳不少試前的傳統「習俗」：要一刀劈開「勁過」燒豬、交換「勁過」揮春與利是來圖吉利；吃「勁過」飯時要吃腰果（取其諧音「要過」）與雞丁（「丁」取自 distinction）；當進入醫學院大樓要避免使用那道旋轉門，否則就會原地踏步無法畢業！以上的「習俗」當然沒有科學根據，這都是因為我們太擔心會影響考試的運氣了。而每一次考試合格、每一年順利升班，對我來說，都似是奇蹟。

傳統筆試

位於香港大學本部大樓的陸佑堂是典型的高桌晚宴（high table dinner）場地，也盛載了舍堂歌唱與戲劇比賽的難忘回憶，但它同時是醫學院每年的筆試選址，故此我對這裡的記憶是半藍半黃、悲喜交集。

筆試的形式包括短題目（SAQ）、選擇題（MCQ）；配對題（EMQ）則有多於題目數量的答案選項來混淆考生。至於最刺激的，當然非迷你個案（mini case）莫屬！

Mini case 其實一點也不迷你，試題圍繞三個模擬病例，分別印在幾十頁紙上，考官會逐張逐張派發給考生。限時一到，考官就會走過來收卷，再派發下一張紙。可能翻開第n張試卷時，才突然發現自己一直被誤導，原來那些含糊的病徵與檢查結果皆指向另一個相似的病症！而下一條的續問是「如何跟病人解釋治療方案」——恨錯難返，但也只好忘記背後，繼續面對眼前的試卷奮筆疾書，盡量收復失地。答題時間緊迫，每張試卷大概只有十多分鐘的時間作答，然而從下張試卷中揭曉的答案，得知自己之前如何失分，那份挫敗感才是最令人心力交瘁呢！

OSCE

OSCE全寫為objective structured clinical examination。有此名字大概是因為這類考試有一套比較客觀的評分準則，只要考生做對某個步驟，就能直接得分，減低考官人選、病人狀態等變數的影響。

OSCE分為兩類：live與dead。

後者的dead OSCE與上述筆試形式差不多，只是題目的引子會換成各式各樣的醫學圖片，如顯微鏡下的一枚標本或是解剖書裡的一頁圖鑑。不過在新學制下，dead station已經不復存在，師弟妹們都不用再經歷這個「死亡評核站」了。

而前者的live OSCE則是一場演技的較量。

「你好，我是X年級醫學生，我姓X，稍後會跟你做XX檢查，請問你同不同意呢？」

這是「劇本」裡的第一句開場白。當時還在唸一年級的我連穿起白袍也覺得渾身不自在，幸好做的「檢查」都是在裝模作樣罷了，「病人」都是假扮的，大家盡力合演一場戲就是了。我們要一邊用粵語對白跟「演員」溝通，一邊用英文醫學術語形容每個動作，連潔手六個步驟也要鉅細靡遺地描述出來呢！

演出的「劇目」包羅萬有，包括檢查脈搏、測試反射動作、示範如何操作心電圖與血壓計等。有時候我們更要跟道具與假人演對手戲，例如對著滿佈針孔的胳膊說：「請你握緊拳頭，我即將要為你抽血。」或是跟只有下半身的假人說：「接下來可能會有一點不舒服啊。」然後以手指探進它的陰道或肛門作檢查。

被訓練成專業的醫護人員前，每個醫護學生都曾是一名出色的演員。

臨床考試

自三年級起，我們終於能披上白袍踏進病房，同時亦展開了密集式考試的悲慘生活。每兩個月一次轉換，我們會被分派到不同專科裡學習，如內科、外科、兒科等等。在離開該專科之前，我們要先考試。所以每八個星期，我們就要面對每科的臨床考試（clinical competency test，簡稱 CCT）。

臨床考試中的病人，當然不再是臨時演員，而是真正的病人！他們身上有各種真實的病症，就靠我們以視觸叩聽的檢查找尋線索，推斷病因，再向主考的醫生匯報。臨床考

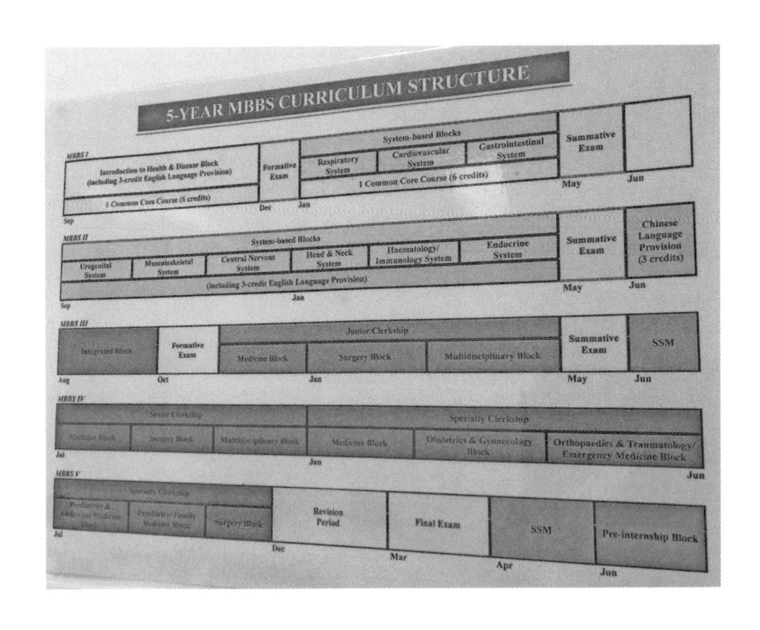

試不再如 OSCE 般客觀，變成完全由考官主導。要是倒楣地遇著某些「不能說出名字」的教授，合格率就會大大下滑了！

能夠成功渡過以上的每個考試，其實全靠我身邊每一位的支持與協助。首先是我的啟蒙老師——維基百科，是它教會我很多基礎醫學術語，我們醫學生也因此戲稱自己為「內外全科自學士」；也要感謝醫院裡的醫護人員與病人，容讓我不斷從錯誤中學習，上了一課又一課；還有曾經陪伴我練習檢查技巧的同學與樓友，常常要忍受我喃喃自語地唸誦「劇本對白」；最後是我的御用病人——家人與男朋友，他們在這幾年來演活過不同角色，也被我的 tendon hammer 敲打過無數次呢。

最初入讀醫學院時，我總覺得課程概覽跟飛行棋棋盤很相像。未來五年的歲月被濃縮到大大小小的方塊裡，我要一步一步向前邁進，不進則退，闖不了關就要退回起點，重新出發。當中有六個黃色的格子標示著大考的時間，我曾經如臨大敵，如今都一一跨過了。十一天的畢業試、三個多月的溫習期、五年來的習醫生涯……在終點處回首，這才發覺，沒有跨不過的欄，也沒有考不完的試。

白袍裡的百寶袋

踏入臨床見習期，紙上談兵的導修課告一段落，取而代之的是真實的病例討論。除了課程安排的臨床教學外，醫學生也會趁課餘時間走到病房，找病人聊聊天，練習問症與檢查的技巧，然後對照一下病歷紀錄。我們稱這些練習為 clerk case。這一來令我們能印證從書本上學到的知識，以加深自己對各種疾病的理解；二來是為了應付每兩個月一次的臨床考試，畢竟經驗總要靠平日多待在病房才能慢慢累積回來。

「工欲善其事，必先利其器」，醫學生的 clerk case 裝備也不馬虎，以下是我見習時期常用到的工具。

白袍

皺巴巴的白袍是典型的醫學生形象，窄小的口袋裡總是塞滿了筆記與檢查工具，飄逸的下襬則是藏污納垢的溫床。套用張愛玲的描述，就是「白衣是一襲華美的袍，爬滿了細菌」。

學生名牌

早在一年級的時候，醫學院就為我們每人訂製了一小塊學生名牌，扣在袍子上以資識別。但它總是太跳脱，一不小心便把它丟失了，我們只好自行造出各式各樣的仿製品。

紙筆

我曾用 A5 木製墊板加上白紙來記錄病歷，上臨床教學課時可以捧在懷裡抄寫註解，而課後便把散亂的紙張收集到文件夾裡。但後來發現自己根本不會重看那疊筆記，所以我改用可以放進口袋裡的小型記事簿，方便我隨身攜帶、隨時翻揭，也減低遺失筆記的機會。

手錶

要用來準確計算出病人每分鐘的脈搏與呼吸率，所以醫學生的手錶不需要花巧奪目，只講求精準實用。

筆形電筒

主要用於測試病人的瞳孔反射，檢查口腔時也方便照明。若然在臨床考試遇上陰囊脹大的個案，把電筒貼近陰囊時竟點亮起一個「大燈泡」，那答案必然是水囊腫（hydrocele）了。

間尺

要是發現病人的頸靜脈壓（jugular venous pressure，簡稱JVP）偏高、病人肝臟脾臟異常地脹大，或身上出現不明的腫塊、潰瘍等情況，就要拔出間尺來量度。

聽診器

電視劇集裡，常見飾演醫生的演員們最愛把聽筒掛在頸上。它除了能裝酷外，也能把最微弱的心雜音與呼吸聲傳到你耳邊，助你判斷病人的狀況。在聽診器還未誕生以前，醫生要將耳朵緊貼病人胸前作聽診檢查，既不衛生又不合宜。後來全靠法國醫生 René Laennec 從小孩們的傳聲遊戲中得到啟發，才在一八一六年發明了影響後世的第一代聽診器。

Snellen chart

這是用來檢查視力的圖表，相信大家都很熟悉。在驗眼圖表中，最高一行的字母或數字的尺寸是最大的，然後逐行縮小，另設有用上東歪西倒的E字、七彩繽紛的卡通圖片等其他版本，方便不諳英語和數字的長者或幼童使用。

Tendon hammer

一根長棒子連接著圓圓的尾巴，這個活像鎚子的工具是用來測試神經系統的反射動作。例如檢查膝跳反射（knee jerk）時，我們會手執 tendon hammer 輕輕敲打病人膝蓋下方的位置，四頭肌會在瞬間收縮，小腿就會不由自主地往前踢。也有醫生選擇用聽筒，甚至徒手就敲下去來檢查，各顯神通。

Orange stick

最初由橙木（orangewood）製成，以此命名的 orange stick 其實只是一枝平凡的木籤，神奇之處卻在於要先把它俐落地折斷成兩截，取其較尖銳的一端戳在病人皮膚上，進行 pinprick sensation 的感覺檢查。

這裡只列舉了最常用的十種裝備，當然每一科的要求也略有不同，例如婦產科會用到計算懷孕週數的旋轉月曆和軟尺；到精神科病房的時候要帶備紙巾，因為怕病者會在問症期間哭成淚人；為了討好兒科裡的孩子們，白袍的口袋還要隨時變出布偶、貼紙與小玩具呢！

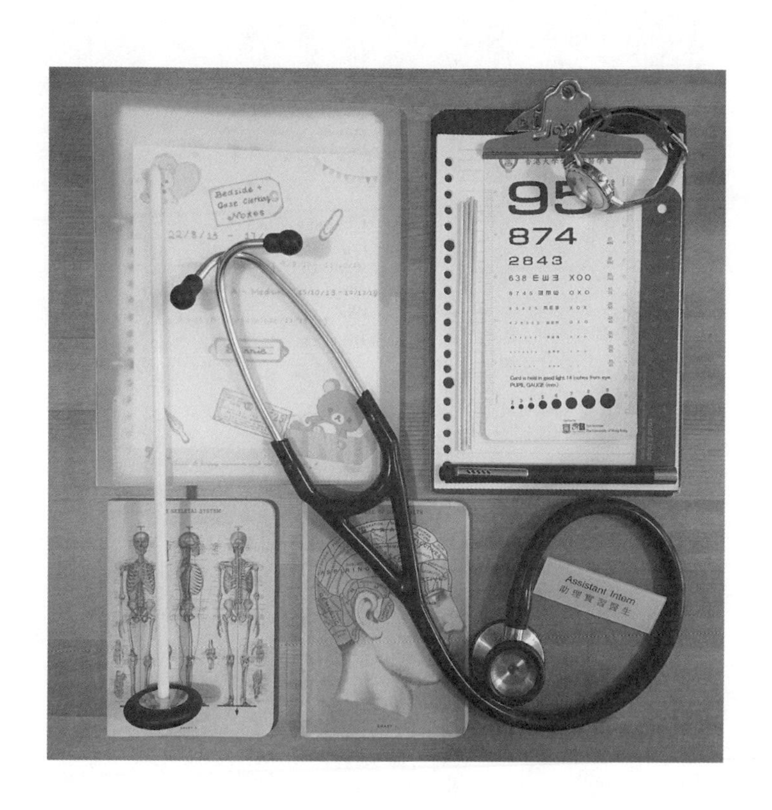
Bedside +
Case Clerking
Notes
95
874
2843
Assistant Intern
助理實習醫生

埋下伏線的病歷

在臨床見習期中，我們最常訓練的，就是問症技巧。詢問病歷（history taking）是臨床醫學的第一環，過程有點像岳母向未來女婿「查家宅」，或像警員向疑犯「落口供」一樣，務求要從對方口中套取重要情報來解開謎團。當然，醫生對病人的態度謙卑有禮得多。

前輩們常常提醒醫學生，一份鉅細靡遺的病歷往往是「破案」的關鍵。就算未能即時讓你揪出元兇，也可大大縮窄調查範圍，再待檢查與化驗結果「出爐」後，加上確實的證據便能肯定當初的診斷了。

問症是一門易學難精的技能。當基本功都熟練以後，每個人都會發展出自己一套的節奏與習慣。而初學時，我們這班醫學生都會乖乖依循範本的次序，像問卷調查員般在問卷上逐項打剔，生怕遺漏任何一欄「重要線索」。

背景資料

當我們向病人作過簡短的自我介紹並道明來意後，接下來就要掌握對方的背景。我們並不需要查探出病人的祖宗十八代或時辰八字，要記錄下來的是病人的姓氏、性別、年齡、種族、職業與婚姻狀況等基本資料。千萬別小覷這些零碎的資訊，單憑這些人口學特徵，我們就足以排除或納入不同的病症作鑑別診斷（differential diagnosis）。如醫生能熟知世界各地的風土病、各行各業的常見職業病，就能更快從病人的背景資料中推測出正確的診斷。

過往病史

病人的年紀越大，病歷也隨之增厚。雖然病人過往的病史未必與是次進院有直接關係，但也絕對不容忽視。

例如患有高血壓與糖尿病的病人，患上心血管疾病的風險會較常人高，所以這類病人如出現心肌梗塞或腦中風的病徵，醫生就要格外留神。又如曾接受大腸癌治療的病人，我們要留意他的腹部可能藏有術後造口，當病人出現新病徵時也要考慮是否癌症復發或擴散。剛接受腎臟移植的患者要服用抗排斥藥，其抵抗力減弱後，會比平常人更容易受到不同的細菌與病毒感染。我們可從病人的過往病史中，評估及推斷出患病過程的前因後果。

主訴

每位病人總因著某個原因才求醫，如失去知覺約一分鐘、兩天內小便帶血、為期三年的腰背痛等等。明確地說出病徵加上其出現的時間長短，我們稱為病人的主訴（chief complaint）。

是次病情

從主訴作延伸，我們需要續問是次病情（history of present illness）來加深了解病因。有趣的是，哲學家蘇格拉底（SOCRATES）的名字剛好是一個有助記憶的 mnemonic。

S for site：以肚子痛為例，首先要問及其準確位置（site），才能推斷出各種相應的疾病。如右下腹痛要排除盲腸炎；右上腹痛可能是肝膽的問題等。

O for onset：病徵是突然出現還是逐漸浮現的？是間歇性或持續地發生？什麼時候開

始發現半身乏力？病徵的起始（onset）會左右醫生的診斷，更有可能影響治療方案。如腦中風就有黃金治療期。

C for character：要病人準確地形容疼痛的特徵（character）並非易事，不過某些典型的描述會讓我們提高警覺。如胃酸倒流有灼熱火燒的感覺；心絞痛則如胸前被重物壓逼等。

R for radiation：疼痛的轉移（radiation）會指向不同疾病，如上腹痛轉移到背部，我們就要考慮胰臟炎或主動脈剝離的可能性。

A for associations：主訴同是嘔吐，但配上各種相關徵狀（associations），診斷結果會截然不同。上吐下瀉的病人可能只是患上腸胃炎；嘔吐加上無法排便、腹脹如鼓則是腸阻塞的先兆。

T for time course：以「年、月、日」或「時、分、秒」的單位來計算，病情的時間發展（time course）亦用以區分急性或慢性疾病。

E for exacerbating / relieving factors：不同疾病都有相應的加劇因素（exacerbating factors）與緩和因素（relieving factors）。如大力咳嗽與深呼吸會加深胸肺疾病帶來的疼痛；轉換姿勢能紓緩肌肉與骨骼系統的毛病。

S for severity：疼痛的劇烈程度（severity）可以用一至十分的等級來劃分，雖然病人對痛楚的忍受能力各有差異，但也常用於評估病情的嚴重性。

我們從病人口中得知的每個答案，都意味著不同病因，把以上種種拼湊後，便可組織成一個完整的病發經過，從中得到初步的鑑別診斷。

家族病史

同一個家族的成員會擁有近似的基因。如影星安祖蓮娜祖莉（Angelina Jolie）就遺傳了母親的突變基因 BRCA1，是患上乳癌與卵巢癌的高危人士，所以她才毅然接受預防性的乳房、卵巢及輸卵管切除手術，以減低患癌風險。要是問出病人有親屬患上先天性遺傳病或各科癌症，尤其是與病人主訴有關的病例，我們更要記錄在案。

藥物紀錄

NKDA（no known drug allergy）代表病人沒有對藥物過敏的往史，每當醫生處方藥物、護士分派藥物前都要小心核對。從病人的藥物紀錄中，我們既可查探其慢性疾病是否控制得宜，又會考量藥物之間的相互作用等。有時候一些徵狀的出現，正正因為病人還未適應新藥的副作用。要是醫生能夠把藥劑知識應用到臨床上，便可省卻很多不必要的化驗。

生活狀況

有時我們也需要窺探一下病人的私生活，將這些較為隱密的資訊填進病歷內。因職業勞損或工傷入院的個案，醫生要打探一下病人的工作環境與公司保障；因骨折而動手術的長者，要了解其居住情況與家中照顧者的安排，因這些細節都會影響主診醫生決定何時讓病人出院。面對需長期服用標靶藥的癌症病人，醫生要多了解他的家庭背景與可承受的財政壓力，因為治療費用往往價值不菲。遇上剛懷孕的婦女，除了要詢問上一次來經日期以推算懷孕週數外，也要詢問其婚姻狀況以及這一胎是否在計劃之內。婦科病人陰道出現異常分泌的話，千萬不要為免尷尬，而不查問其性生活與避孕方法。這些平常的生活習慣和狀況，對於我們診斷及處理病症都有莫大幫助的。

還有一條問題對所有病人都適用，就是關於吸煙與喝酒的日常習慣，因為兩者皆是不少病症的催化劑。一旦得知對方是位煙民或酒徒，就盡力勸導他們戒掉煙酒吧。

除了以上的基本病歷資料外，各個專科也需要問及更詳盡的病歷。如兒科病人的病歷表還包括孩童發展進程與疫苗接種紀錄；婦產科的會要求極其仔細的月經詳情與產前檢查報告；精神科醫生筆下的病歷可謂是一本本人物傳記！

問症技巧是每個醫學生都要具備的基本功，要把功力練到爐火純青，達至箭無虛發、言簡意賅的境界，我們在見習期間就要花時間到病房找病人多多練習。

大家如果遇到身體不適，請盡量多留意自己的病情細節，因為這對醫生的診斷有重大影響。讀完這一篇，希望你們明白醫護人員發問的用意，都是為了能更準確地診治，別以為我們多管閒事呢！

西醫的望聞問切

在傳統的臨床教學裡，上文提到的病歷詢問是了解病情的第一步，而身體檢查（physical examination）往往緊隨其後。在詢問中，病人口中訴說的不適，我們稱之為病徵（symptoms）；而病狀（signs）則是指醫生藉由觀察或檢查探知的身體變化。

但在現實生活中，醫護人員會遇上危急重症、難以與病者溝通等情況，這時候就要一心二用，邊問症，邊檢查，甚至只能依靠病者身上的客觀證據來作出診斷。畢竟人會說謊，身體卻是最誠實的，故檢查結果也是十分重要的「破案」線索。

西醫的問症與檢查，其實跟中醫的「望聞問切」有點相似，「問」的部分就是病歷查詢，接著便是替病人作視、觸、叩、聽的身體檢查。臨床考試時，我們要順著以下幾個步驟，把之前所學的手法通通運用出來，猶如在師傅面前要出一整套拳路！

事先預備

在正式檢查前，首先要得到病人的同意，再找來一個病房同事幫忙「借眼」做證，並把床簾拉上以保障私隱，這三步就構成基礎的「3C」——consent、chaperone 和 curtain。要對病人不同的身體部位進行檢查，躺臥姿勢和袒露的身體部分也有所差異。例如檢查腹部時，要讓病人平躺放鬆；婦科檢查要讓病人躺在床上，把雙腳放在特製腳踏上使雙腿張開；在探肛檢查中，病人要像蝦米般屈膝側臥等等。

一般檢查

在一般檢查中，根據病者的外貌、神態或步姿作「人物速寫」，從觀察當中尋找蛛絲馬跡，有時會讓你得到意想不到的收穫。

如臉色蒼白的女孩可能因月經過多而引致貧血；一身蠟黃皮膚的男子原來患上了肝硬化；眼瞼下垂的男生看起來總是沒精打采，其實是重肌無力症的臨床表現；目露凶光的女士未必如想像中可怕，眼球突出或許是甲狀腺亢進的徵狀……

兒科教授傳授的檢查口訣相當管用：「紅黃藍白、高矮肥瘦、頭頸四肢、眼耳口鼻」。紅黃藍白的臉色皆揭示了體內的奧秘；高矮肥瘦的身軀可以指向不同的內分泌疾病；頭頸四肢、眼耳口鼻的形態能夠讓人分辨出形形色色的罕見綜合症。我們雖然並不篤信風水命理，但這種另類「睇相」也是一門高深的學問呢！

視診

視診（inspection）並非如一般檢查般粗略，是一種較為集中的聚焦觀察，針對不同的身體系統，目視觀察的局部位置與注意事項都有所不同。

在呼吸系統檢查中，單邊肺部的病變會令病人胸廓呈現不對稱的起伏；檢查腹部時發現病人右上腹刻著一道斜向的疤痕，這意味著他曾接受膽囊切除手術；蜿蜒曲折的紫藍色血管匍匐在兩邊小腿上，一看就知道是靜脈曲張了。

觸診

接觸病人前，別忘記要用酒精潔手液消毒雙手，也緊記要問清楚病者疼痛的地方，因為弄痛病人可是臨床考試的大忌，要是對方突然哇哇大叫起來，考官也難以給你打出合格的分數。

進行觸診（palpation）時，醫生需要觸碰或按壓病人的相關部位來檢查，所以在進行檢查之前，我們要清楚向病者講述接下來的動作，讓他們做好心理準備。例如在乳房檢查中，要以指尖在病人的乳房四周順時針打圈找出硬塊；或是戴上手套把一根指頭探進病人肛門，測量其前列腺的大小與硬度。要是事先未有將過程解釋清楚，床邊又沒有chaperone 作證人，雙方就很容易產生不必要的誤會了。

叩診

將左手中指緊貼胸前的肋骨間隙，再以腕力用右手中指指尖敲擊前者的中段指節，這就是呼吸系統裡叩診（percussion）的基本動作。氣胸個案會發出異常響亮的鼓音；肺積水患者的胸腔則會傳來鈍重的濁音；把雙手轉移到病人的肚皮上，憑著叩診也同樣能找出腹腔積水的水平位置。

聽診

最後是聽診（auscultation）。聽診器能傳遞出體內各種各樣的聲音：空氣經過收窄的支氣管，呼氣時會發出 hehe 般的高頻喘鳴聲；心跳通常只有 lub-dub 兩聲，但心瓣未能正常開合會產生多餘的心雜音；血液流過狹窄的頸動脈，會聽見「咻咻」的血管流動聲；腸臟受到阻塞，則會形成「嘰哩咕嚕」的活躍蠕動聲。

還記得在某次外科臨床考試，見過一個碩壯得撐破表皮並已腐爛發臭的乳癌腫瘤；忘不了第一次在教授的指導下，從病人一呼一吸間觸摸到那異常腫大的肝臟邊緣；曾與同學於課後結伴到某個術前病房 clerk case，懷著尋寶般的心情聽盡了各種罕見的心雜音……就算教科書中的描述文字多麼詳細、網上的參考圖片或錄音如何地逼真，也比不上在病房中親身經歷的所見所聞。因為真實，所以更能加深我對各種病狀的印象！

身為見習醫學生，為了要應付各科的臨床考試，我們不時會流連在病房內 clerk case，大家對「有 sign」的病人更是趨之若鶩，紛紛前來拜訪學習。但 clerk case「練拳」切忌走火入魔，在我們眼前的是真正的病者，不要忘記在那些病狀背後，正代表著他們的不幸與痛苦。同時，醫學生要努力打好問症與檢查的基本功，才能在將來把功夫好好應用到病人身上。

臥病在床的折磨

幾年前的平安夜，身為一個什麼都不懂的見習醫學生，我把小禮物塞進白袍的口袋，準備在問症後送給病人，希望他們在醫院也能擁有一個幸福的聖誕。

住進教學醫院的病人是不幸的，因為他們會被醫學生接二連三地打擾，問病歷、做檢查通通都阻礙他們休息。所以我們對被拒絕早已習以為常，對一口答應的病人都心存感激。

衣食住行

住院病人都要換上一式一樣的病人服，吃著淡而無味的醫院膳食，入夜後連番被護士喚醒作檢查和吃藥，又或被儀器聲吵醒，鄰床的病患們又鼾聲四起，根本就難以入睡。一早醒來，可能會發現原本躺在斜對面的院友不知所終，望著那空空如也的病床，才回想起

昨晚頻頻傳出的儀器警號，還有那簾後的嘈雜人聲……這些不安的情緒，只有長期住院的病人才能有所感受。

住院期間，他們唯一期待的心靈慰藉大概就是在探病時間與家人的短暫相聚吧？然而，並非每位病人也有探訪者。有些病人的親屬全都移居海外；有些人無兒無女、伴侶早逝；還有某些長期住在老人院的長者已被家人遺忘……有時候，當我們這班醫學生走近床邊向他們詢問病歷，便順應成了他們難得的傾訴對象，或許這就是醫學生的小小貢獻吧？待我們日後當上了正式醫生，恐怕就花不起這些奢侈的時間。

作為示範教材

教學醫院有大大小小的巡房、臨床課堂與考試，而病人就是我們活生生的最佳教材。要是你身上出現某個難得的sign，「一傳十，十傳百」，很快便會有一大堆醫學生「慕名」來到你床前。聽聞你有罕見的心雜音，他們會逐一把冰冷的聽筒探進你的衣襟；得知你接受過腎臟移植手術，便引來數之不盡的手掌在你肚皮上打轉。待教授大駕光臨你床邊時，你會被一大群陌生的白袍人包圍，他們用你聽不懂的詞彙熱烈討論著你的病情，接著又是一輪視觸叩聽的檢查。

假若你是躺在床上的病人，你會有什麼感受呢？在寒氣逼人的病房中，赤裸著身體接受無數次身體檢查，也算得上是現代「酷刑」之一吧？

疾病折磨

有時候我會納悶，為什麼上天要創造這麼多頑疾與苦難？世上的疾病何其多，再稀奇古怪的病症也有可能出現，連醫護人員也難以理解其背後病理，而身受其害的病人，霎時間要如何接受自己患病的事實呢？

還記得冰桶挑戰（Ice Bucket Challenge）嗎？當年「冰淋城下」的熱潮還未冷卻，不少人也曾參與這項挑戰：將一桶冰水澆到自己頭上，並拍成影片上傳至社交網絡。此舉成功喚起大眾對肌萎縮側索硬化症（Amyotrophic Lateral Sclerosis，簡稱ALS）患者的關注，也為全球各地的ALS慈善機構籌得不少善款。

在那段時期，我在內科病房遇到一名罹患ALS的「漸凍人」。那是一個年屆半百的女士，最初她只發現自己說話口齒不清，吃飯時有感難以吞嚥，後來卻慢慢出現了肌肉顫動、四肢乏力等徵狀，如今更虛弱得只能依賴機器維持呼吸。因病人情況的關係，我難以親身問症，以上的病發經過，我是翻看病歷紀錄才得悉的。

由於ALS只會影響運動神經，所以患者的知覺根本與正常人無異，人情冷暖還是可以感受得到的。「漸凍人」這名字取得真妙，既描述得到他們動彈不得的難處，更道出他們無力抗衡逐漸退化的困境。在內科病房遇到這位「漸凍人」，我不禁心裡暗忖，要是她得知最近興起Ice Bucket Challenge，會作何感想？這對她而言，是一絲希望，抑或只是一場鬧劇？或她根本漠不關心，因為死亡隨時都會降臨；不像那桶冰水，挑戰者至少可選擇澆不澆下去。但我當時沒能親口問她。

身為醫學生，我們常常會被博大精深的醫學知識難倒，還要背誦成千上萬的艱深術語，同時應付密集的課程和考試……這些都教我們吃不消，但我們能言苦嗎？真正受著身心折磨的，還在病榻上默默支撐著呢。這篇文章，除了希望讓各位嘗試站在病者的角度思考外，也想藉此感謝所有曾經給予醫學生學習機會的病人。祝你們早日康復，盡快逃離醫院這個鬼地方吧！

兩性待遇大不同

在現今世代，醫院裡有男護士、女醫生早已不是什麼稀奇的事，但身為一個如假包換的醫科女生，我在醫院裡卻觀察到一些兩性待遇有別的細節。

身體檢查

有一種麻煩叫「借眼」。男醫生替女病人做檢查前，必定要找一個女護士或健康服務助理（health care assistant，簡稱 HCA）擔任 chaperone「借眼」做證。有第三者在場的話，即使簾後發生了任何誤會，也不至於百辭莫辯。

不過在人手不足的情況下，每次替女病人檢查都要等候 chaperone 到達，對男醫生或男醫學生來說也不太方便，所以女醫學生在病房學習時，也常常被臨時徵召，充當「眼睛」的替工。婦科檢查也是男醫學生的一大心理難關，他們飽受被病人拒絕的滋味，而女同學卻從來沒有這種煩惱。

可是，如在臨床課堂上遇到女病人，女生通常都會被教授或同學們推舉，負責身體檢查的部分。我在骨科見習期間，曾要單手抬起成年男士的腿來檢查，說真的，十分吃力。我想這大概就是女生略為遜色之處吧。

病房角色

見習醫學生在病房裡扮演什麼角色呢？

病人家屬一般會把站在床尾抄寫牌板的我們當成主診醫生，連番追問病人的病情進展。當值的醫護人員則會認為我們是「佔位性病變」（space-occupying lesion）——沒貢獻卻成群結隊地阻礙病房運作；臺灣的醫學生也形容自己為堵塞交通的「路障」，兩者都是極其貼切的比喻。

女醫學生還多了一重身分，即使我們身穿白袍，老一輩的病人依然會認定我們是「姑娘」（即護士的粵語說法），叫喚我們來幫忙。替虛弱的他們斟斟水、遞物品、調校病床的斜度，這些都是舉手之勞，就算混淆身分我們也沒所謂。

衣著打扮

這一點相信所有男同學都會深有感受——他們一年四季都要穿上長袖恤衫、西褲和皮鞋才能走進病房，有時候忘了打領帶更會遭教授訓話！

相反，女生們卻沒有穿套裝的硬性規定，白袍下可以是一條連身裙，絲質、紡紗等材料看起來會較斯文得體，以素色上衣配搭長褲或半截裙亦未嘗不可。女生 formal 衣著的定義頗含糊，存在一大片灰色地帶，只要不是過於悠閒或暴露便可。相對於醫科男生的標準，教授對女生們的髮色要求也比較寬鬆呢。

中大的醫學生還有另一個選擇，他們有一套指定的寶藍色 scrub，就像日劇《Code Blue》裡主角們穿上的日常工作服，這樣上病房（ward）的時候就不怕弄髒自己的衣服了。

歲月摧殘

無情的歲月會悄悄奪走女孩的青春，這是每個女生都會面對的。我們把人生裡的十八廿二都奉獻給醫學院，更受著一個惡毒的詛咒——港大的女醫學生在校的一至五年分別被戲稱為「金」、「石」、「沙」、「泥」、「屎」！在沉重的學業壓力下，我們的面容慢慢變得憔悴，像花兒般逐漸凋零。

反觀男生卻剛好相反。男醫學生的「身價」是隨年增長的，畢業後就是薪高糧準的專業人士，不少行外人或護理系的女生都十分渴望結識到一個醫生男友！傳聞當上了實習醫生後，有些女護士會厚此薄彼，冷淡地對待女 houseman，卻圍著「小鮮肉」男 houseman 團團轉，希望這不是真的吧。

我分享這些例子，不是要提倡女權主義，也不是特別對男同學存有性別歧視啊。性別已定，兩性各有優勢，其實沒有什麼公平不公平的。不過，基於以上第四點，要是我日後有個女兒，我也不希望她跟我一樣從醫呢。醫海無涯，回頭是岸！

Chapter 2

五年級專科見習誌

婦科隨筆——生命的隕落

婦產科的課堂剛好過了一半，我還未踏入產房見證嬰兒的誕生，就先在婦科病房眼睜睜地看著多個生命的隕落。同樣是Gravida 3 Para 0的女病人（婦產科術語，意思是懷孕3次，分娩0次），有人屢次因意外懷孕而選擇墮胎，有人懷孕了數次卻不幸小產。除此之外，有人會來婦產科尋求避孕的建議，有人卻想解決不育的煩惱。當中的錯配與矛盾，俯拾皆是。

醫學院final year的課程被稱為specialty clerkship，五年級生會被分配到不同專科見習。我的首個rotation是婦產科，除了一般的演講課和導修課外，我們更有機會在婦科門診坐到醫生椅上，一邊向病人問症，一邊用鍵盤輸入病歷，還要親自替病人做婦科檢查。醫生都會讓見習醫學生負責一些比較簡單的檢查步驟，例如提取子宮頸細胞作柏氏抹片檢查（Pap smear），或拿些許病人的陰道分泌物去化驗。我一開始笨手笨腳，曾不慎讓陰道窺器（俗稱鴨嘴鉗）滑了出來弄痛病人，但熟能生巧，在考試的時候終於能氣定神閒地把器具對準子宮頸，並清楚描述檢查中的各種發現。這都多虧了每位病人的信任與幫助。

這些基本的檢查工作，多練習或許便能掌握其中要領；但在婦科見習期間，我久久不能釋懷的，是見證一個又一個生命的結束。

圍繞著病床的布簾總是隔絕不了斷斷續續的哀號呻吟聲，她越抑壓著喉嚨，不讓人聽見的聲音，我在旁聽起來越覺揪心。在妊娠中期要終止懷孕，醫生會處方米索前列醇（Misoprostol）來刺激子宮收縮，病人要像分娩般把胚胎排出。可是，離開子宮後的慘白胚胎不會嚎哭或呼叫，它就這樣來去匆匆，註定成為她生命中的過客。

我重讀這段摘自張愛玲《小團圓》的打胎描述，她的描寫細膩得像一部驚慄片，現在再看仍覺震撼：

夜間她在浴室燈下看見抽水馬桶裡的男胎，在她驚恐的眼睛裡足有十吋長，畢直的欹立在白磁壁上與水中，肌肉上抹上一層淡淡的血水，成為新刨的木

頭的淡橙色。凹處凝聚的鮮血勾劃出它的輪廓來，線條分明，一雙環眼大得不合比例，雙睛突出，抿著翅膀，是從前站在門頭上的木雕的鳥。她扳動機鈕，以為沖不下去，竟在波濤洶湧中消失了。

除了藥物流產（medical termination of pregnancy）的方法，「吸宮」、「刮宮」都屬於手術流產（surgical termination of pregnancy），這種流產一般用於週數較小（約懷孕十二週以下）的孕婦身上。將其英文名的首字母串連起來就是 STOP ——把一切畫上句號，多諷刺的簡稱。可是，生命沒有重設按鈕，流產的回憶恐怕會成為她們一輩子的夢魘吧？

我一直以為香港的合法墮胎門檻很高，除非孕婦或胎兒患有什麼疾病需要立刻終止懷孕，否則兩名醫生絕不會隨便簽紙允許。後來才發現在教學醫院最常出現的診斷為 IUPAS（intrauterine pregnancy, anxiety state），只要孕婦道出一個合理的原因，如經濟困難、情緒困擾等等，醫生還是可以憑著 IUPAS 的原因安排她們入院接受手術。有不少醫生慨歎，如把她們拒諸門外，或會逼使她們去承受非法墮胎的風險。

我在婦科見習期間，印象最深刻的病人是一個披著一頭金髮的二十一歲女生，髮尾還染上時髦的螢光粉紅。病歷檔案顯示她有多次墮胎與盆腔炎的紀錄，老實說，在未開口之前，我還真怕會説錯什麼話刺激到她的情緒。或許因為大家年齡相近，她反倒暢所欲言，毫不忌諱地跟我談起她的過去。

今次到診，她的徵狀包括長期下腹疼痛、陰道分泌帶有異味，這些都似是盆腔炎的後遺症。醫生要我負責替她做全套的婦科檢查，先是打開「鴨嘴鉗」觀察陰道與宮頸，再取出 Pap smear 的子宮頸細胞樣本。由於還要額外篩查一系列的性接觸傳染病，在旁協助的護士不斷遞上各式各樣的 swab，讓我收集病人的陰道分泌作化驗。

她令我格外難忘，除了因為這個病例使我有機會多做了不同的婦科檢查外，也源於我們年紀相同卻身分有別的關係吧？我坐在電腦前替婦科醫生預先問症，而不是像她那樣來醫院求診，讓一個醫科見習生檢查私處。想到這裡，竟有一種難言的感慨湧上心頭。年紀輕輕的未婚女孩，假若因為 unprotected sex 而染上性病或意外懷孕，必定對她生理與心理造成一定的傷害，且是難以回復的傷害！例如盆腔黏連會增加日後不育的風險；墮胎的後遺症與陰霾更不用説明了。這樣好像有點説教的意味，但這些都是我當天深切的體會。

產科隨筆——呱呱落地的嬰孩

每逢農曆大年初一，各報章頭條總會刊出誰家嬰兒在零時零分搶閘出生，但其實立春過後已算是下一個生肖年了。碰巧我在產房見習時，渡過的第一個夜更正正時值立春，故遇上了當年第一隻「羊仔」出生！

「下次痛嘅時候就用力屙埋佢啦！」

「屙耐啲，屙長啲！」

「見到個頭仔啦，雞蛋咁大啦而家！」

「冷靜啲！唔好嘥力嗌！」

「堅持！堅持！」

「吸啖氣再嚟過，嚟多次就得啦！」

助產士們輪流重複地說著以上的鼓勵語句，站在旁邊的我也多麼想加入打氣團：「做到呀！Almost 呀！係咁生啦！」但在現實中，我只敢在心裡呼喊。選擇自然分娩（normal spontaneous delivery）的媽媽都十分勇敢，明知要經歷十級劇痛也在所不辭。看著她們扭曲的臉容、繃緊的四肢，聽她們歇斯底里、痛不欲生的叫喊聲，我便想，有時道聽途說還不如親眼目睹，雖然不是第一身的經歷，但我相信這種傳說中的痛，一點也沒有被誇大。一句「生日快樂」的背後，同時也默默紀念母親當年所受的苦難。

當中有位媽媽受不住疼痛，想中途放棄，竟開口請求我們替她「夾 BB 出來」！助產士神回一句「你估而家玩夾公仔呀？」，便把她的要求回絕了。使用產鉗（forceps）或真空吸盤（vacuum extraction）屬於儀器陰道分娩（instrumental vaginal delivery），只能在特定情況，如第二產程過長、胎兒受窘時使用。雖然能縮短產程，但兩者對產婦和嬰兒都有一定風險，如對孕婦會造成較大的產道創傷，對嬰兒的併發症則包括頭部血腫、面部神經創傷等等，所以醫生是不會隨便把寶寶夾出或吸出來的！

「恭喜呀！你生咗個仔呀！」初生嬰孩呱呱落地，哭得厲害才教我們安心。醫護人員會一邊替寶寶抹身、保溫與磅重，一邊根據Apgar Score的五項指標來評估他的健康狀況：皮膚顏色（appearance）、脈搏快慢（pulse）、對外界刺激的反應（grimace）、活動時肌肉的張力（activity）和呼吸強弱（respiration）。

選擇自然分娩的孕婦只要預先告知醫護人員，大多可以安排一個指定的摯親進產房陪產。還記得有位丈夫在妻子分娩的時候全程在傻笑，後來連助產士也看不過眼，叫他不如幫忙打氣助陣！在我見習時期的觀察中，大部分準爸爸也不太知道自己可以做什麼，只有少數懂得以溫柔輕撫、耳畔細語作支持，其餘的總是目光呆滯地站在床邊，被妻子與助產士此起彼落的叫喊聲震懾著。我還聽說有些爸爸一看到渾身血水的初生寶寶，就嚇得昏了過去呢！而他們「發揮功能」的時刻，就是替孩子剪臍帶的那一秒——這也算是一種「貢獻」吧？

而事實上，我們醫學生在產房中的角色比準爸爸更加卑微。我在見習期間，曾觀察兩次及協助十次接生過程（俗稱「執仔」），當中能出手幫忙的機會不多，在產房中不要幫倒忙已是萬幸。所謂的協助，也就是遞上鉗子、抽局部麻醉針藥或臍帶血、與助產士一同檢查排出的胎盤是否完整無缺等等。

順產媽媽其中一項擔憂，非「陰道口剪一刀」莫屬。其實現時會陰剪開術（episiotomy）並非常規的做法，除非遇上特殊情況或需要進行儀器陰道分娩。我在見習時只遇過一次，那次是因為當時胎水十分濃稠，混合了胎兒受窘時所排出的胎糞，所以要把產道口加闊一點，讓嬰兒較易娩出。不過，無論分娩過程如何順利，陰道與會陰也少不免會有撕裂，助產士幾乎每次都需要為產婦縫針作修補。然而這縫補的痛楚對已完成分娩的媽媽來說，已算不上什麼——能夠跟親生骨肉見面，捱再多的痛苦也是值得的。

除了經陰道產，孕婦也可因應情況接受剖腹產（Caesarean section）。有次我隨醫生進手術室觀看剖腹產手術，剛巧遇上一對龍鳳胎，他倆將會是兄妹還是姊弟，就要視乎出生的次序，至於誰先誰後，則取決於胎兒的位置。相隔只數十秒，兩個小生命幾乎同時出生，我能夠看到這瞬間（開刀比順產快很多很多），是難忘的，也是難得的。懷雙胞胎看似很美好，但實際上風險多的是，胎兒宮內發育遲緩（intrauterine growth retardation）與早產（prematurity，即嬰兒未滿三十七週出生）就是兩個較常見的例子。這對兄妹的磅數也屬偏輕，希望他們能夠快高長大，將來一直陪伴在對方左右吧。

懷胎十月，每一個階段都不易過。孕婦在懷孕初期開始擔心「陀不穩」，因為有些小產（miscarriage）可能毫無徵兆，隨時在下一次超聲波檢查中才發現胎兒已停止生長或心跳不再。到了中期，除了慢慢察覺自己體形的轉變、妊娠紋的浮現和懷孕帶來的小病痛外，還要面對一系列令人疲於奔命的檢查：包括產前血液檢驗、唐氏綜合症篩查（Down's screening）、結構性超聲波（fetal morphology scan）、耐糖測試（oral glucose tolerance test）和定期產檢，如檢查報告出現異常，更要作進一步的檢驗與跟進。踏入懷孕後期，又要提心吊膽害怕腹中胎兒早產，提前準備好行裝隨時趕赴醫院；每天亦要小心觀察著見紅、穿水、宮縮等現象，生怕錯過任何一個「作動」的徵兆！

養兒一百歲，長憂九十九。孩子出生後，父母又要擔心他的健康、發展，以及未來的學業、社交、愛情、事業……電影《十年》裡有兩個單元——〈方言〉與〈本地蛋〉，前者講述不諳普通話的計程車司機被乘客歧視、被同行檢舉，後者則設想將來有「少年軍」四出執行禁令，當中兩位孩子的爸爸都無法適應新環境，也無法面對下一代的成長背景已面目全非。在現今的香港，你能預料孩子將來會接受怎樣的洗腦教育？他們還會寫繁體字、說廣東話嗎？他們能讀到不受篡改的本土歷史嗎？

在《多啦A夢 Stand By Me》電影裡，靜香爸爸跟出嫁前的靜香說了一番話，爸爸說她剛出生時的哭聲聽起來就像天使的號角，是爸爸聽過最美麗的天籟之音，回想起當晚凌晨時分步出醫院，那夜的星空更使他感動落淚。電影的鏡頭轉到家裡擺放著的一個個相架，每張照片都記錄著靜香的成長，這些年來的回憶，全都是她留給爸爸媽媽最好的禮物。即使靜香與大雄婚後搬出家裡，爸爸偶然會感到孤單，但抱著這些禮物，就足夠讓他快樂。現實中，我們雖沒有「誠實電波」法寶，但仍能跟父母真情剖白，說一聲感謝。感謝你們把我帶來這個世界，雖然現在的時代令人憂慮，但我還是會努力生活，盡力捍衛我們的家。

兒科雜寫——童心未泯

走過繪有繽紛壁畫的走廊，拉開印滿方舟動物的淺色布簾，我不見幼稚園面試之王，也不見會關心住屋問題的五歲小朋友，但像補習社廣告中的女童般熱淚盈眶的小孩，倒大有人在。這裡是兒科病房，此起彼落的哭泣聲響個不停，在醫生巡房時情況更甚。醫生剛抓起床尾的迷你聽筒，人還未湊近，小孩就率先開啟哭鬧模式先聲奪人。這一個哭起來，鄰床的就知道下一個是自己了。

替小孩聽聽心肺、照照喉嚨，他們已哭成淚人，可想而知要替他們抽血簡直難上加難！護士會先請父母到房外等候，治療室內隨即展開一輪激戰。不合作的小孩會被綁在床上，他們奮力掙扎想要逃脫，而實習醫生則忙著跟幼細狹窄的血管玩捉迷藏，眼尖地覷探著時機，否則手稍一鬆，剛才僅僅看見的血管又躲起來了。

幼童發燒可大可小，如是心肌炎、尿道炎與腦膜炎等感染，就能隨時奪走小孩的性命，但他們只懂以哭聲來表達身體不適，所以一旦持續發高燒，醫生就會安排他們入院觀察與檢查。而現實中，每天進出兒科病房的孩子，不少只是患上呼吸道感染或腸胃炎的小小病人。

雖然沒有機會遇見教科書裡的罕見病例，但在兒科見習的八星期，我倒見識到不同類型的兒科個案。最快便能出院的「病症」有「哭不停」、「被蚊叮」和「吃錯藥」；讓孩子痕癢難耐的有出水痘、猩紅熱；由致敏原引起的有哮喘和濕疹；最極端的病例有過高過矮、癡肥暴瘦、太早或太遲發育；使孩子變得脆弱的有原發性免疫不全症；最可怕的經歷可算是發燒抽筋；最令父母難以接受的便是各類兒童癌症。

而讓我投入兒科世界的，有幾個孩子絕對功不可沒。

小六男生灝仔自小患有濕疹（eczema），以往一直控制不善，長期搔癢令他身上的皮膚又乾又厚，所以這次被安排入院接受濕裹療法（wet wrap therapy）——先在皮膚塗上潤膚膏與類固醇藥膏，再先後以一層濕和一層乾的紗布覆蓋全身。但他依然好動地四處奔走，活像一隻會跑會跳的木乃伊！我們跟隨教授來到病房上課的時候，他會鬼馬地站在我們旁邊扮演學生，又會記下我們每個人名牌上的名字。他可能比我們這班見習醫學生更熟悉病房中每張病床的情況，因為我總見他到處搭訕，又會聯群結隊到遊戲區玩大富翁，儼如兒科病房的親善大使。他的存在，令整個病房的氣氛煥然一新。

在同一個病房中，有兩名患上厭食症（anorexia nervosa）的女孩。由於對身體形象產生了扭曲的想法，厭食症患者除了會刻意節食，還可能會過量運動、扣喉嘔吐或服用瀉藥來試圖減磅，嚴重者更會出現脱髮、貧血、骨質疏鬆與月經週期停止等併發症。醫生曾事先吩咐我們不要獨自跟這類病人問症，或許是怕刺激她們的情緒，所以我每次經過她們的床邊都不敢打擾。

然而當瀨仔邀請大家一起玩大富翁的時候，竟間接替我跟她倆打開了話篋子。小倩與芯芯大概十五、六歲，看起來就是兩個高高瘦瘦的少女，但她們的雙腿比同齡女孩纖細瘦弱得多，甚至有點支撐不住身體的錯覺。如今留院是協助她們重新建立健康的飲食習慣，二人的情況漸見改善，人也變精神了。在言談間，她們竟然對醫科生活感興趣，連連向我追問，就這樣我被她們反客為主，成了受訪對象。後來小倩的康復進展不錯，逐漸開始半復課，見她穿起校服的模樣，根本就跟平常的高中女生沒兩樣。

見習期間，我總愛在閒時走到病房一角，罩上黃色保護衣物，越過雙重閘門，進入一號隔離病房探望一下眼前的寶寶。一歲大的鋒鋒當時在二十八週便趕著出生，幾乎所有早產兒特有的併發症都在他身上出現過，年紀小小的他已擁有一疊厚厚的病歷簿，劃上巨大疤痕的腹部更藏著一個不合比例的肝臟。因為他身上長出了疑似水痘的紅疹，才從外科轉來這邊的隔離病房。

我最初來探望他的原因，是想把他的病歷寫成報告交功課，所以一直在病房守候著，期望等他父母到來，我便能立刻問症，可是一直苦候不果。我再翻看記錄，才知道他的雙親皆是吸毒者，這句註腳或許解釋了一切，我後來也只好另覓個案撰寫報告。

可是，在得知他的身世後，我便更經常走進病房逗他玩了。他會無緣無故甜笑，精靈的眼珠跟著我的臉移動；我隨便揮動一下小玩具就能引他開懷大笑；有時他也會鬧脾氣，可能是尿布濕透了，未有人替他更換吧？他一撒嬌，我更不忍心就此離去，結果又不知不覺逗留良久。原本我還期待著能與他繼續「約會」，一天卻忽然發現他已不在原來的隔離病房了。聽說醫生最後否定了當初的診斷，注射的藥也停了，而我和他的邂逅也就這樣無疾而終……

兒科病房中還有一個文靜的小女孩，擁有APC（adenomatous polyposis coli）基因突變的她同時患上了兩種癌症。最初我們一班見習醫學生還認定經常坐在床邊的女人就是她的「媽媽」，後來才知道原來女孩的母親幾年前已因癌症離世。

「當時她媽媽的確診年齡是多少？」

「三十二歲。」

身旁的姑母還在苦苦思索，眼前這個年僅八歲的小女孩，已平靜地回答了我們的提問。

許多住院的病童在還未懂事的年紀，便要開始打針吃藥的生活，又因長期住院而必須把學業延遲，更礙於身體機能，不能像別的小朋友一樣跑跑跳跳。在現今世代，社會大眾常常把「起跑線」掛在嘴邊，但對於這些長期留在兒科病房的病童們來說，能夠擁有一個健康快樂的童年，似乎已遙不可及。反過來想，我們又何苦把天真健康的孩子壓迫成病呢？

在《五個小孩的校長》電影中，呂校長問五個小孩有什麼夢想；在門診裡，醫生也曾請八歲的小彤把她的夢想描繪出來。她的畫功稚嫩，誰也看不明白當中的意思，她倒一臉天真地解說：「我的夢想是擁有許多許多的糖果！」其實家長們根本不用花費數千元買平板電腦或什麼名牌衣物，也不用為了提升競爭力而替幾歲的小孩報讀補習班，孩子需要的是家庭溫暖、親子時間，甚至只是一句讚賞、一枚貼紙、一個小丑醫生扭出的氣球，這些簡單的行動便能換取小孩的快樂，屬於他們的童年快樂。

外科實錄——掀起你的蓋頭來

當年我才剛剛開始上臨床課，還未搞清楚什麼是CCT，就報名申請當監考員。看著五年級的師兄師姐從問症、檢查至分析報告結果，再被考官咄咄逼人地瘋狂抽問，當時我還是第一次見識到臨床考試的嚴厲，對未來的考驗頓時有了概念。那天我還要親手把那張不合格的分數紙傳真到外科部秘書處，實在有點於心不忍，感覺自己像個幫兇殺了人。

事隔快兩年，我竟然在外科病房重遇那位「受害者」，如今他已當了一年實習醫生，見他信心滿滿認真工作的模樣，或許當年的打擊並非壞事，一次的挫敗亦不代表什麼。話雖如此，醫學生還是希望科科一 take pass，畢竟重考的心理壓力不小啊！

完成婦產科與兒科的見習後，今次我要在七星期內走訪十三個外科專科，時間極度緊迫！單是消化系統就被細分為上腸胃外科、結直腸外科與肝膽外科；在同一週內，我們更要同時兼顧內分泌外科、乳腺外科、頭頸外科及整形外科，可謂分身乏術。在外科見習的這兩個月，其實我也不太確定自己每天的行程——只要哪裡有手術可旁觀，我就換上制服進去觀摩一下；哪些門診的醫生比較願意教導學生的，我就搬來椅子坐下旁聽；有哪些病例可多作討論的，就預先找病人聊聊天問問症。

假若你要我總結外科的精髓，我只想到一個「切」字。

在外科的世界中，但凡身體哪裡出了毛病，「開刀」動手術都是主要治療方案之一。當然，醫生會考慮各種因素，評估病人是否真的需要或適合做手術。舉例說，如果只是輕微的胃酸倒流，讓病人改善生活習慣或加上藥物控制就足以紓緩病情了，誰又想無端捱一刀呢？但若然以上的病徵持續或者出現併發症，醫生就可能會建議病人接受胃底摺疊術（fundoplication）來徹底根治。

住在外科病房裡的十居其九都是癌症病人，所以我們在手術室也看過不少腫瘤切除手術，親眼目睹過名副其實的「肝腸寸斷」。雖然外科醫生在每次手術中需解剖的位置都不盡相同，但在手術期間，見習醫學生的視線大部分時間也只集中於血淋淋的內臟與周邊組織，看得越久就越覺差別不大，感官也漸漸麻木了。由於手術枱範圍是完全無菌的，所以我們一般都不能靠得太近，否則在旁的手術護士就會出言提醒。要是能夠「洗手上枱」——在參與手術前先進行刷手，即徹底擦洗、消毒雙手及前臂，然後小心翼翼地穿上無菌的手術服與手套，再站到動刀醫生旁邊作近距離觀察，則另作別論。可惜我們通常都只可遠觀而不可褻玩焉，偶爾也有善心的護士為我們開啟電視熒幕作「現場直播」，但更多時候，鏡頭只會長期對著外科醫生搖搖晃晃的後腦。

在外科見習期間，我們進出手術室已是等閒事，也觀摩過不同專科的手術，但其中的心胸肺外科與腦神經外科仍然能令我有心跳的感覺。你說平常人有什麼機會能一窺剖開心臟或親眼目睹掀起頭蓋的過程？

那天吃過午飯後，我們隨即步入手術室，「開心」手術已進行一半。這個手術是要「一箭三鵰」的把主動脈瓣、三尖瓣置換，以及進行俗稱「搭橋」的冠狀動脈繞道手術。護士讓我們輪流站在病人頭頂位置的一小級踏板上觀看手術，我站上去後頓覺居高臨下，前方正是胸腔內被剖開了的心臟，主刀醫生與副手就站在我的左右兩側——這個無敵山頂位的景觀實在令人難忘！錯綜複雜的導管正接駁著設計精密的人工心肺機，所以眼前的心臟即使靜止不動，含氧的血液依然源源不絕地供給病人，在身體每一條血管中流動。

原本我的同組同學並不打算來看手術，畢竟利用空餘時間自修比較實際，但我堅持要拉他們進來看一看——就是明知道自己將來不會進心胸肺外科，才要把握時機來大開眼界！

另一個讓我專誠拜訪的手術是腦神經外科的顱內腫瘤切除手術。我們到達手術室後，麻醉科醫生早已打點好一切，手術護士也準備就緒，外科醫生們亦各就各位。醫生首先剃掉覆蓋著開刀位置的髮絲，在頭皮上塗抹消毒藥水後，他便根據記號下刀，再把頭皮掀開翻至另一邊，在皮膚的邊緣圍上一圈夾子以固定位置，利用張力撐開缺口，接著開始用電動鑽頭在頭顱骨上鑽幾個小洞，並沿孔切割，一小塊頭骨就這樣被揭起並割下來。這一連串的動作，令我想起童謠《掀起你的蓋頭來》，不過腦內響起的音調變得有點陰森……

移除頭骨後，在一層又一層的腦膜之下，豆花般柔軟的腦組織終於呈現眼前。醫生叫喚我們趨前細看，又叫我們辨認一下腦葉的位置：「最前方的是額葉（frontal lobe），這兒是顳葉（temporal lobe）還是頂葉（parietal lobe）呢？」在一半的機率下，醫學生總善於選擇錯的答案，醫生責罵我們沒有好好唸書，悻悻然吩咐我們退下。於是我們又回到後方，看著熒幕，卻只看到醫生們被放大了幾倍的雙手……

除了一場接一場驚心動魄的手術外，我在外科也遇上了另類驚喜。早在以前，我報讀了三期的手語課程，希望將來遇到聾啞病人，能撇棄紙筆，跟他們用手語直接溝通，可是學成之後一直沒有機會好好應用。那天，我終於在等候接受外科小手術的病人堆中，發現了她！她嘗試用手語向護士詢問情況，最後還是寫在紙上給對方看。我沒有猜錯的話，她應該是一個聽障人士。

心情忐忑的我鼓起勇氣坐到她身旁，以最簡單的手語打個招呼介紹自己。她臉上的口罩遮掩不了眼角的微笑，我看出她驚喜的目光，她立刻給我一個禮貌的回應。然後我又嘗試以基礎手語向她問起症來。為什麼今天會在這裡？要來做什麼手術？那個小腫塊是什麼顏色的？按起來會疼痛嗎？有時她的動作太快，我看不明白，她就寫出語意，又重複做一次，教了我不少新詞彙呢！最後她把一張預先寫好要給醫生的字條遞給我看，原來她怕溝通障礙會惹起誤會影響手術，有口難言，擔憂也很正常。她在字條上寫的最後一句是「祝願手術成功」，我臨離開時也以這句作結，她再次微笑向我道謝。這場寧靜的交談，我在此以文字無聲地記錄下來。

其實我將習醫路上的點滴記錄下來，是因為怕自己善忘，將來或許再回憶不起，自己曾在某位病人身上學習過什麼、某次經歷中得到怎樣的教訓……而自己又是如何一路走來，從一名醫學生，蛻變成真正的醫生。那麼在未來回首的時候，就能提醒著自己，毋忘初衷。

骨科實錄——匠師的工房

工具箱內放滿排列整齊的螺絲、釘子與鋼片，鎚子與扳手則被擱在枱上一角，電鑽與電鋸不時發出低頻噪音——這是我對骨科手術室的速寫，猶如身處某個匠師的工作室。

我一向對肌肉骨骼系統沒什麼興趣，身為女生，我的骨骼又不是精奇得可以輕而易舉地抬起成年男士的腿做檢查，所以我對於要到骨科見習沒太多期待。不過這一科考試要求不高、上課時間不多，當中更有一星期會到「富豪醫院」上課，可讓我們愜意地翻閱雜誌、呷呷咖啡。在骨科見習的兩個月也算是個可稍作歇息的中途站。

而在骨科見習，除了一般課堂與門診外，還有我最喜歡的環節——看手術。對於我喜歡觀看手術的愛好，外行的男友總愛取笑我連鮮血屍體都不怕，卻對活生生的動物與昆蟲如此恐懼，然而這兩類東西根本不可以作比較呀！其實自從中六的一堂生物課後，我就知道自己對血腥手術有特殊偏好。想當年老師要我們為剛死去的白老鼠進行解剖，再把牠的內臟一一辨認出來。我磨拳擦掌準備就緒，當其他同學還忙著用棉花按壓止血，我早已把幾條血管紮好，並沒有染紅手術範圍，就這樣成為最早完成的一個。

在骨科，最常出現在手術列表上的都是骨折（fracture）傷者。例如靠近手腕或腳踝關節的骨頭折斷後移位，就要靠開放性復位（open reduction）與內固定術（internal fixation）把它們重新「裝嵌」好，幾枚螺絲與一小塊鋼板是絕佳的幫手。這類手術需時不多，但每隔一會便要利用X光機對準傷患位置作檢查，所以我們每次進手術室前，都要穿上沉甸甸的鉛製防護衣，又要配戴頸箍來保護甲狀腺。就算已經穿上「全副盔甲」，X光機啟動之際，我們這些貪生怕死的女生依然會設法左閃右避。有一次我還躲到麻醉科醫生的背後，因為在他面前有一塊鉛製屏障阻擋幅射，而且他也披著防護衣，這樣就有三重保護！

要是在骨頭中段發現骨折，那就可能要出動一支長長的骨髓內釘（intramedullary nail），把兩截斷開了的骨頭重新併合。先要在骨頭上端插入一個類似紅酒開瓶器的工具，慢慢地鑽入深處，挖出一條小徑，骨科醫生再拿起鎚子鑿呀鑿，把那支長笛似的骨髓內釘敲進去。血中帶油的骨髓液隨即傾瀉下來，流淌到手術用的消毒布巾上。這台手術，絕對是力的表現。

人工關節置換手術（joint replacement，俗稱「換骹」）則隸屬專門的分科，手術室門外早已標明「閒人免進」，所以我們這些 small potato 也無謂闖進去碰運氣，只好乖乖留在電視房看「場外轉播」。幸好當時有位醫生在旁利用膝、髖關節的迷你模型作輔助解說，靜默的畫面配上專業的聲音導航，總比我們呆在手術室裡看得一頭霧水為好。

早前在外科見習時，我觀看過怵目驚心的「開心」與「開腦」手術，想不到在骨科也遇上了同樣「重口味」的手術。

手術枱上正躺著一個患上壞死性筋膜炎（necrotizing fasciitis）的病人。此病症等同於常聽見的「食肉菌感染」，診斷治療稍有延誤也足以致命！這已是病人的第四回清創手術（debridement），醫生要盡量替他清除那些乳白色的死皮和紫紫黑黑的壞死組織，並灌上大量的生理鹽水沖洗傷口；清除組織至見到亮紅色澤的健康組織層後，便要待時機成熟再安排表皮移植手術。病人半屈曲著右膝，小腿的半邊是完好無缺的皮膚，另一邊則是曝露於空氣中的肌肉，紋理清晰可見，一幅解剖學教科書裡的完美示範圖就在眼前。醫學生時刻都希望多看多學，我雖慶幸自己有機會目睹如此震撼的畫面，但只要一想到面前殘缺不全的皮肉並不是一頁插圖，而是屬於一個像你像我一樣有生命的人的身體部分，就不禁有點慚愧。

另一場「重口味」骨科手術的病人是個九旬老翁，因糖尿病併發右腳壞疽（gangrene）。只見他的五個腳趾頭皆呈黑褐色，整隻腳掌乾癟癟的。肢端因為缺血而壞死，於是便要如腐朽的枯木一樣被砍掉——這是一場截肢手術（amputation）。骨科醫生從膝部上方開刀，一層一層地把皮膚、脂肪與肌肉剖開，直至在血肉模糊之中找到一截大腿股骨。徒手來回拉動鋸子一會後，醫生決定放棄手動拉鋸，改用電鋸加速手術進程。我和另一個同學站在幾級高的踏板上，二人都半掩著耳、半瞇著眼。手術室內充斥著電鋸與股骨摩擦時發出的刺耳撞擊聲；四散的骨灰就如焊接過程迸出的火屑，定睛看著的話，仿佛隨時會濺進你的眼中！這場面看得我們驚心動魄。在電鋸成功把斷肢與身體分離後，醫生將魚嘴般的手術切口縫合起來，護士則用繃帶包紮著那截斷肢，繞了一圈又一圈。想是為免在運送途中露出馬腳，把途人嚇壞吧？

看見骨科手術室裡的一列列金屬配件與工具，我有時會想起家裡的製皮革工具套裝。用木鎚、圓沖與菱斬在裁好的皮料上鑿孔打洞，加上一排金屬匙圈與幾顆四合扣，稍作打磨再縫上邊線，已是製作皮革匙包的基本工序。如今換成鑿釘子、上螺絲、裝鋼板、穿針引線等等的手術步驟，兩者如出一轍。骨科手術其實也是一門別具匠心的工藝，醫生不斷地從經驗中學習，在鍛煉手的技藝的同時，也在琢磨心的意志。

麻醉科一瞥——手術室與駕駛艙

換上手術室制服，穿上一對防水長靴，戴上浴帽般的頭套，綁好外科口罩，我名正言順地取了件湖水綠長袖外套——這外套是麻醉科醫生的象徵，就像註冊了專利一樣。平常我們都不敢胡亂披上，即使手術室的氣溫冰冷得讓我們起了雞皮疙瘩。

Clinical attachment 是指醫科學生自發地趁課餘時間申請到訪某心儀部門，如影子般尾隨該科醫生的學習活動。但請相信我，我到麻醉科 attach 完全是誤打誤撞，並不代表我的選科意向。反正在骨科見習的假期也蠻多，花三天去見識一下也是划算的。

同樣是長時間於手術室內工作，外科醫生總是圍在手術枱旁埋頭苦幹，麻醉科醫生卻看似悠閒地坐著、像唱片騎師般點選不同風格的背景音樂來播放，而在手術期間輪流到茶房小休更是他們的特有文化。故此在芸芸專科之中，麻醉科簡直是生活態度的代名詞。

就這樣，抱著寓學習於娛樂的心態，我穿上那件衣不稱身的湖水綠色長袍，掛上學生名牌，逕自步進手術室。甫進去，麻醉科醫生竟率先向我打招呼，還熱情地詢問我的名字，我差點反應不過來——這種待遇在教學醫院近乎絕跡，平日上臨床課，沒有被教授臭罵一番已算十分幸運！此時，身後的門被打開，病人被送進來了。然後麻醉科醫生與手術室護士熟練地完成一連串動作：過床、核對病人資料、接駁儀器、準備針藥。

平常來參觀手術，醫學生都習慣遲一點才到達，以避過以上種種手術開始前的瑣碎步驟，也好省下時間多睡片刻。而每場手術最早到場的，正正就是麻醉科醫生，全靠他們事前為病人打點好一切，手術期間在背後密切監察，外科醫生才能聚精會神地施行手術，完場後他們亦要繼續留守，確保病人安然無恙地離開手術室。

大國手站在幕前獨領風騷，也有麻醉師隱身幕後默默耕耘。在手術室中架起的消毒布巾是一道分隔的簾，我跟隨麻醉科醫生置身簾後，猶如闖進了後台禁地，眼前是一堆淩亂的電線與插管，熒幕上的顏色數字閃個不停。

體溫、血壓、脈搏、呼吸率和血含氧量——監察儀正顯示著手術病人的各項維生指數（vital signs）。這台機器就像駕駛艙裡的飛行儀表，能讓機師掌握所有即時資訊，並因應狀況作出適當的調整。要為乘客帶來一趟舒適的旅程，飛機起飛與降落的穩定性是關鍵；而要讓病人昏昏欲睡，毫無知覺地接受整個手術，再慢慢甦醒過來，當中的拿捏亦講求經驗。乘客的安危掌握在機師手中；病人的生命也交託給麻醉師，兩者有著異曲同工之妙。

在 clinical attachment 的頭兩天，我跟隨了幾位不同年資的麻醉科醫生進手術室。在手術中段總有較為空閒的時間，他們會一邊談起醫學院的陳年往事，一邊悄悄轉動調節靜脈輸液的滾輪；在分享當年考試、實習、見工等經驗的同時，又不知不覺在針筒注射泵輸入新的數值。聽著聽著，就算生於不同年代，某些「惡名昭彰」的內科老教授、骨科十年如一日的考試題目原來都是大家的集體回憶，再高級的顧問醫生或部門主管，都曾是個卑微的醫學生。他們提醒著我們這些後輩：「慢慢捱過來就是了。」

雖說是短短三天的麻醉科一瞥，意外收穫倒也不少。例如我終於有機會到術前診所旁聽，此乃麻醉科醫生與病人溝通的難得時刻，以便評估病人的手術風險；有幸走進重門深鎖的深切治療部，結識了 ICU（Intensive Care Unit）團隊的快樂聯盟；在外科和骨科見習時未曾看過的胸膜固定術（pleurodesis）和筋膜切開術（fasciotomy），今次都給我碰上了！是次 attachment 可算錯有錯著。

從前我一直認為麻醉科是枯燥乏味的，每天的工作就只是看著病人睡過去和醒過來，當一名催眠師好像還比較有趣。但在跟某位醫生閒談期間，他跟我說了句發人深省的話：「病人的性命就在你手上。」是的，病人每分每秒的維生指數全由你親自監察，相比起其他專科，對於病人的生死安危，麻醉科醫生的確更責無旁貸。要是手術成功，病人卻失救至死，又有何意義呢？

其實沒有哪一個專科的醫生比別的專科醫生更高尚更優秀，在背後做一個盡忠職守的無名英雄，也是另一種守護。將此邏輯放大到整個社會中，任何職業也有其存在的意義，只要克盡己任、問心無愧，每個人都在默默地為社會帶來貢獻。或許，無恥的當權者是唯一的例外吧。

急症科小記——刻不容緩

在骨科見習的兩個月頗為空閒，期間其實我們還要上急症科的課，兩個專科擠在一起，卻意外地為我們製造了為數不少的假期，算是慰勞一下我們這些只有兩星期暑假的可憐傢伙吧？急症科除了一般的講課、導修課與工作坊，還有實地考察，讓我們近距離觀察急症室的日常運作。

「同學們，讓我先帶你們到處參觀一下，跟著來吧！」年輕的急症科醫生邊走邊説。我們由救護車停泊處出發，踏進急症室的入口後，便看到在兩旁的警崗和消防駐守站，正前方是座無虛席的候診區，走過由護士衡量緩急輕重的分流站後，我們便進入電視劇集中常見的熟悉場景。

遠鏡掃過了幾道不斷開開合合的布簾，近鏡對焦在進進出出的醫護人員身上。在急症室盡頭轉角處的是救急扶危的搶救室，救護員會直接將第一級危殆（critical）與第二級危急（emergency）的病人推送進來；我們沿路經過一個又一個分隔開來的診症格，第三級緊急（urgent）的病人正躺臥在輪床上等候接受檢查；接下來門診部則負責處理第四級次緊急（semi-urgent）與第五級非緊急（non-urgent）的病人。急症科醫生繼續充當導遊，為我們逐一介紹急症室的分區和設施，包括專門應對傳染病、化學品或輻射物的各個獨立區域，還有X光部、電腦掃描部、小手術室、觀察區等等。圍繞著急症室巡視了一圈，最後我們又回到最初的起點。

急症室處於醫院的最前線，常常被戲謔為「病房的分流區」，但這亦代表在此會遇到包羅萬有的病症和林林總總的病人。急症科醫生除了要臨危不亂地應對突如其來的危急重症，亦要「內外兼備」，涉獵內科、外科、骨科、精神科等等不同範疇的知識，有時還要處理如止鼻血、托牙骹、拔魚骨等「雜務」呢！不像婦產科醫生只會面對女性，也不像兒科醫生只負責某個年齡層的病人，急症室每天都有未知的病人前來，每天都有新的故事上演。

「是時候去見病人了，你們也可以試試看如何在數分鐘內完成診症吧！」急症科醫生在架上拾起幾個病人的檔案，便把我們帶到其中一個診症格。他熟練地示範了一次後，就讓我們一組人輪流跟病人問症，可是大家在限時內都問得七零八落。訓練有素的急症科醫生只需短短數句就能迅速鎖定範圍，並把其他可能的鑑別診斷一一排除掉！可見在急症科事事講求效率——面對危殆的傷者，刻不容緩；面對排山倒海的病人，亦要速戰速決。公立醫院的急症室跟主題公園的機動遊戲一樣受歡迎，等候時間往往以小時為單位計算，候診區長期坐滿輪候多時的病人，你的工作速度稍為慢一點，恐怕無數的「阿燥」會傾巢而出！

另一天，我們在課後匆匆吃過晚飯，就趕往另一所醫院。這是我與幾個同學每逢星期五晚的課外活動——A & E attachment。我們在此遇到不少在課堂難以體驗的trauma房（trauma room／創傷室）與R房（resuscitation room／搶救室）個案：四十二歲的地盤工人從三米高處失足墮下，屁股先著地，雙腳隨即軟弱無力，下半身感覺減弱；五十五歲的伯伯突然出現半身癱瘓的徵狀，左邊手腳失去活動能力，在家中跌倒後被妻子及時發現並立即送院；六十七歲的婆婆有高血壓與心房顫動的病史，正長期服用華法林（warfarin，俗稱薄血丸），最初只出現頭痛、嘔吐的病徵，後來家傭察覺到她的意識開始模糊，便急忙召喚救護車。

以上分別是椎骨骨折（vertebral fracture）、缺血性中風（ischaemic stroke）與腦內出血（intracerebral haemorrhage）的個案，全靠急症科醫生迅速的診斷，與其他專科醫生的合併治療，命懸一線的病人才能被救回。

在急症室經歷的故事多的是，實不能盡錄。期間我們更碰上幾位妙語連珠的急診醫生，他們的經典語錄才最教人念念不忘。

「你們現在還記得克氏循環（Krebs cycle）的轉化過程嗎？東西要用得多才會入腦，沒用的事情記來幹什麼？」我們聽後笑個不停，一年級那時背誦過的生物化學知識，現在真的丁點也想不起來！

「內外全科醫學士也只是一個學位而已，就和文學士、理學士一樣，人家也不一定要做回有關本科的工作，誰說你們將來一定要當醫生？」一記當頭棒喝，我們如夢初醒。

「這五年來，你們在池邊練習好泳姿了吧？對不起，畢業後你們將會被放逐到大海裡自生自滅，自求多福吧，呵呵！」我們當時連畢業試的難關也未跨過，不用這樣恐嚇我們吧？

從前我們常嚷著要轉系，時間一晃五年就過去了，再也回不了頭，但我也慶幸自己找到讀醫的意義。飽歷滄桑的急診醫生向我們道出了不少現實，這些都是醫學院沒有告訴我們的，雖然聽起來並不勵志，但大家仍然選擇堅持下去，「明知山有虎，偏向虎山行」，也證明了我們立志行醫的決心吧。

精神科週記之一——玩轉老朋友

來不及抓住最後一個暑假那短得可憐的尾巴，記事本已急不及待提示著我開學日快來臨。我的未來再不會出現「開學日」了，翌年的七月一日已是我成為實習醫生開工大吉的日子。對於九月一日將要變成毫無意義的一天，心不禁有點糾結。

開學後，匆匆上過精神科與家庭醫學科的課前簡介，為期兩個月的見習生涯又開始了。精神科涵蓋的病症繁多，且分類複雜，所以精神科的病房主要以年齡劃分成老、中、青三類。第一週我先在老人精神科見習，才剛步入病房，我就已被那鬱悶的氣氛感染，情緒驟變低落。

年前電影《玩轉腦朋友》（*Inside Out*）大熱，當中對人類情緒的比喻十分貼切。精神科，當然就是腦朋友的天下！阿愁患上了抑鬱症（depression），阿驚是焦慮症（anxiety disorder）病人，阿燥正處於躁鬱症（bipolar affective disorder）的狂躁期（mania）……而護士們都是阿憎上身，不太歡迎醫學生的到訪。整個病房都找不到阿樂的蹤影。

醫生把我們這班見習醫學生「流放」到這個充滿負能量的地方，沒有臨床教學、門診示範，卻要求我們自行問症再作口頭報告，又要我們各自找一個有趣的題目分享。我心想，這一點兒也不有趣呢！

跟精神科病人問症，我感覺自己像一個採訪記者。首先，對方未必願意或有能力接受你的「訪問」。但一旦展開了對話，你就要逐步向深層挖掘，連病人的童年往事、成長經歷與家庭背景都要一一查問；在對談的同時，也要仔細觀察受訪者每個微細的表情與動作，把他們的內心世界、精神面貌勾勒出來。把「訪問」收集回來的資料整理後，再以精神科的專用語言如實交代，撰寫出一份結合敘事與描寫的病歷。

我曾訪問一個聲稱自己「芳齡廿八」的老婆婆。我先問她今天是星期幾，她竟回答現在是一九八九年；問及她過往的經歷，她每隔一會又重提她丈夫是在戰亂時死去的；說到她的家人，她卻一臉茫然，原來她已記不起那個每天都來探望她的中年漢正正是她的親兒子。

這位老婆婆雖然搞不清楚現況，也不能完整地說出自己的入院經過，但就在我們來來回回的對談之間，我已察覺到一些明顯的病徵，例如記憶力衰退、經常重複相同的說話、對時地人失去認知等。所以我替她做了簡短智能測驗（mini-mental state examination，簡稱 MMSE），總分為三十分，她只有十一分，病情一點也不輕。她患上的是阿茲海默症（Alzheimer's disease），屬於認知障礙症（dementia）的一種，亦即是我們常說的老人癡呆、腦退化症。

認知障礙症除了會影響患者的記憶力、判斷力及語言能力外，還可能會衍生出異常的行為與心理症狀（behavioral and psychological symptoms of dementia，簡稱 BPSD）。老婆婆當初入院正因如此，她曾突然情緒失控，更企圖爬窗自殺！幸好她善忘，這段不快回憶早已被她抹掉了。

在我眼前這位「芳齡廿八」的老婆婆，感覺就像宮崎駿動畫《哈爾移動城堡》裡的女主角蘇菲，年老體弱的軀殼下其實藏著個可愛的妙齡少女。要不是翻看了她的病歷，我怎麼可能猜得出她的入院經過呢？

在老人精神科病房裡，除了以上的 BPSD 病人，還有一些患上抑鬱症、躁鬱症、精神分裂症而需要留院的老人，而院方每天下午都會安排職業治療時段。有次我跟隨這班老友記一起學習健腦操，在職業治療師的指導下，每個病人都乖乖地練習著不同動作。我突然有種錯覺——這裡只是一所普通的安老院，因為在我眼中，他們看起來就是一群和藹可親的長者嘛！可是，反反覆覆的病情隨時會毀掉一個人的生命，精神病的可怕之處正正在於此吧？

每個人都必須經歷生老病死，老人漸漸步入人生的尾段，希冀與盼望都越來越少，要是相依為命的老伴也離世，人生的快樂和倚靠也許都一併失去了。回想自己家中的長輩，我們是不是可以為他們做些什麼，讓他們過得快樂一點呢？

精神科週記之二——怪獸與家長

離開鬱悶的老人精神科，兒童及青少年精神科猶如另一個世界。恐龍粗暴地爬上了車頂、層層疊積木散落一地……幾歲的孩子恣意地把桌上的玩具蹂躪，也不曉得他聽不聽得懂大人們的對話，只見他的媽媽與主診醫生正熱烈地討論著他的行為問題。我們坐在同一個房間中邊聽邊抄寫筆記，門外總有幾個探頭窺看的小孩，向我們投以好奇的目光。

送走了病人後，醫生轉過頭來跟我們說，在門診裡最常遇見的病人有兩類，一動一靜。說罷，她又深入淺出地向我們解釋了原本艱澀冗長的精神疾病診斷準則，我在筆記簿裡不停抄呀抄，寫滿了好幾張紙。

「動」指的是ADHD（attention-deficit / hyperactivity disorder），中文譯名是專注力失調／過度活躍症，確切成因未明，但科學家相信此病症與腦前額葉的多巴胺（dopamine）失調有關。

何謂「過度活躍」？患者一般會讓人有種動個不停的整體印象。如情景設在班房內，他就是那個愛擅自離開座位、到處亂跑亂跳的同學，當老師發問時，他們未舉手就搶答，即使被罰坐到黑板前，他們還是會不斷「郁身郁勢」，每分每秒都不能靜下來，操行自然欠佳。

在「專注力失調」方面，患者除了難以集中精神外，還有記憶力差、缺乏條理、容易受周遭環境影響而分心、無法專心聆聽指令等徵狀，這些都是處理家課、應付考試的大忌，所以他們在學業成績上可能會表現較差。

不過，現時社會上有不少資源為ADHD患者提供多方面支援，如教師與社工在校內從旁協助ADHD學生適應課堂秩序；臨床心理學家、職業治療師等團隊在課後為患者提供行為治療；精神科醫生為病人處方藥物等。精神科醫生最常處方兩種藥物給ADHD患者，分別是利他林（ritalin）及專注達（concerta），亦即是之前曾廣受家長追捧的「聰明藥」。但其實普通人服用這類藥物後不但無助增強學習能力，反而要白白承受如失眠、食慾不振等副作用，嚴重者更有機會造成中樞神經的損害呢！

「靜」指的是ASD（autistic spectrum disorder），中文譯名是自閉症光譜，當中包括大家耳熟能詳的自閉症（autism）與亞氏保加症（Asperger's disorder），發病成因跟遺傳因素有很大的關係。

電視劇裡的自閉症病人都被刻劃成既定的形象——眼神閃縮、沉默寡言，乃孤獨患者一名。但光譜上的顏色不止一種，何況是人類呢？其實自閉症患者在社交發展、語言溝通能力的障礙程度各異，重複性及局限性的興趣與行為也各有不同，例如會純熟地背誦出各類飛機型號、沉迷於轉動中的車輪等，所以並非所有自閉症患者都如電視劇中所呈現的一樣。

前來醫院覆診的孩子當中，有些甫進來就會畏怯地躲在父母身後「十問九唔應」，有些會像鸚鵡一樣反覆說著幾個字詞，有些卻會不停搖晃身體或在室內繞圈自轉，他們大多都是熱愛規律、不懂變通的頑固偏執狂。大約百分之七十的自閉症兒童都有某種程度的智力發展遲緩，智力正常的只佔少數，而電影裡的「自閉症天才」在現實中更是極為罕見。

在這裡也難以羅列自閉症小孩的所有特徵，影像記錄或許比我的文字更寫實更立體，港台節目《鏗鏘集》播放過兩個有關自閉症的特輯——〈我家的兒子〉與〈我看見天使〉。無辜的小孩患上與生俱來的自閉症，他們與別不同卻不自知，終日活在自我的世界；守在身旁的照顧者心力交瘁，卻有苦說不出。

這「一動」與「一靜」，是各自走向極端的過度活躍與自我封閉。令我意外的是，有不少病童竟同時擁有這兩種特徵。假若要在這門診裡挑一個孩子回家照顧，我想誰也不太願意。但為人父母者，沒有選擇孩子的權利，只能放開懷抱地接受吧？無論孩子外貌如何、智商高低、患病與否，都是自己的親生骨肉，又怎會捨得離棄呢？

兒童及青少年精神科病房不時舉辦管教訓練工作坊，讓病童的家長們參加。在工作坊中，我聽到家長們分享各自的親子小故事，家中小孩由出現頑劣行為到後來每個小進步，都令他們感動不已。原來遇到了小怪獸，怪獸家長就不復存在，反而成為最有耐性的馴獸師。與其放大孩子難以改變的缺陷，倒不如坦然接受，學會多加欣賞，或許便能看到他們美好的一面。

精神科週記之三——別人笑我太瘋癲

「西環狂漢當街斬人」、「沙角邨逆子利剪弒母」——兩宗精神病患施襲案件在同一天內發生。但你知道其實精神病患的暴力個案有多罕見嗎？少於百分之五！若果你感到驚訝，或許只是因為你把電影裡的罪犯角色投射到每個精神病患身上。當然，在社會中一旦有類似的悲劇發生，再多的公眾教育都會頓時失效。加上受到傳媒報導字眼的渲染，令市民對精神病患存有這樣的偏見和恐懼也是無可厚非的。這樣並非要替犯了事的病人開脫，但仔細想想，他們又何嘗不是社會中的受害者？

在跟老朋友與小怪獸相遇之後，接下來我被派到青山醫院，轉到成人精神科見習。新聞報導中常會聽到：「疑犯被轉送青山醫院。」其實青山醫院不如大眾所想般恐怖，很多住院的患者只是因為住在屯門、元朗或天水圍區，才被送進就近的青山醫院，他們的病情並不比別間醫院的病人嚴重很多呢！

在長途跋涉前往青山醫院的途中，我在車廂內讀著村上春樹的《挪威的森林》，抱持對書中阿美寮療養院的美好想像，滿心期待著是次見習。我從西鐵轉乘輕鐵，在青松站下車後，又沿著路軌走了一小段路。遠遠望過去，翠綠的草叢簇擁著一塊石造門牌，上面刻有「院醫山青」四個大字。那裡就是臉書上常看見同學拍照留念、證明自己到此一遊的地標。可惜偏偏輪到我們這一組來見習時，這裡正在修路！整個月來，門牌下的圍欄、雪糕筒與指示牌原封不動，合力阻止我們走近半步，拍照留念的事自然不了了之。

在青山醫院中走動，跟在平常的教學

醫院有很大分別。平常我只要穿起一件掛上名牌的白袍，就能自由進出大部分病房；但這裡保安森嚴，我要用獲派的臨時職員證，在每一處門前輕拍一下——拍咭、開門，拍咭、開門。其後每當要穿越一道道閘門，我都會慣性拿出通行證「嘟」個不停。有次放學後，我卡在西鐵站的入閘機前進不得，回神後才驚覺握在手中的並不是八達通！到了見習的最後一天，我們要交還證件與宿舍門匙，我不捨地把它們一併放進門前的信箱中，下一秒才記起，這裡的每一道門都是鎖上的，幸好同學來打救，我才不致被困山中！

大部分精神科病人在門診部或日間醫院便能得到適當的治理和跟進，但要是他們無法控制病情、有可能危及自身或他人安全，就需要入院接受治療，程序上分為自願性和強制性這兩種。常常掛在精神科醫生嘴邊的 form 1、2、3，並不是指病人的學歷水平，而是根據《精神健康條例》，用來將病人強制移送精神病院以作羈留、觀察與治療的申請表格，醫生會按需要來延長病人留院的時間。一旦動用上 form 7，則表示病人要無限期留院，直至病情轉趨穩定才另作打算。

要醫生「出此下策」的病人不多，患上精神分裂（schizophrenia）的黛瑪是其中一個。她是個土生土長的香港女生，幾年前突然改名換姓，連身分證也更換了。被確診後，她一直沒有定時服藥，被害妄想的徵狀便越演越烈。她深信自己擁有日本皇族的血統，小時候被如今的父母擄走，他們向日本皇家勒索不遂，便把她拐帶來香港……她一臉認真地訴說著自己的「身世」。這位「落難公主」還堅稱自己是個重要的政治人物，認為政府正暗中追尋她的下落，她更曾鼓勵醫生利用她的身分來換取利益呢！至於為什麼要改名「黛瑪」？她說黛瑪是她原有的東洋名字。

可是，任憑她說得天花亂墜，我們也知道這些都只是病徵；但對她而言，以上種種「身世之謎」都是千真萬確的「事實」。如此堅牢且難以動搖的錯誤信念，精神科稱之為妄想（delusion）。不像心跳、血壓這些維生指數可以被量化，病人的主觀思想與感覺從來沒有一套客觀的測量方法，所以精神科醫生往往只能旁敲側擊，從病人口中套出話來，尋找字裡行間的細微線索。

曾聽過有病人比喻自己為扯線公仔，說他的思想與行為都被某種力量操控著。身心皆不由己的無力感，你想像得到嗎？別人都聽不見，只有你被那些縈繞不散的聲音纏著。或許是夾雜粗言穢語的辱罵，或許是陌生人談論著自己的閒言閒語，每分每刻都在你耳邊響起。幻聽的折磨，到底有多難受？長期處於抑鬱的情緒，漸漸醞釀出自殺念頭，你捲起衣袖，讓我看那手腕上斑駁的傷痕；你重提往事，憶述當時如何爬到窗前準備一躍而下……

我從前不太理解精神病患者的世界，心裡總疑惑，為什麼他們不可以看開一點？會出現那些幻覺與幻聽，都是他們自己疑神疑鬼吧？但其實精神病跟世上所有疾病一樣，有著先天與後天的因素，多方面地相互影響著病情。沒有誰冀望自己患病，病人自身的意志力亦難以左右病情發展。我們能夠如此體諒、同情其他患上生理病的病人，為何又要對精神病患者如此苛刻呢？

一個個被打開的潘朵拉盒子，內裡雖裝著種種不幸與苦難，最後卻保留了希望。在精神科的最後見習歲月中，我終於找到阿樂的蹤影。參觀日間醫院時，我發現院內每份餐具與病房牌板都是病患的雙手製造的。一位病患對我說，每天最期待的事就是回到這裡學習、完成不同的工作。在庇護工場，他們用心創作的每一件精緻手工藝品，我都忍不住想買回家。到病人家中家訪時，他們總會熱情地遞上飲品，又送我們到升降機門前，還拍拍我的肩膀叫我將來要做個好醫生。

村上春樹藉《挪威的森林》中的玲子姊，道出了精神病患者內心的自白：「走在外面就覺得附近的人好像在拿我當話題似的，我害怕得都不敢出門。於是又砰！螺絲飛了，線球打結了，頭腦變成一片昏暗。」把螺絲重新旋緊，把線球的結解開，他們復康的遙遙長路絕不易走。老掉牙的一句話：「少一點標籤，多一份接納」，或許就是對他們最大的鼓勵。

家庭醫學科隨筆——解憂診症室

「發燒多久了？」

「咳嗽時有痰嗎？」

「鼻水是什麼顏色？」

「喉嚨痛不痛？」

「還有沒有其他不舒服？」

小時候生病，媽媽都會把我帶到附近商場的診所去，那位身穿白袍的叔叔總會問以上幾條問題。了解我的病徵後，白袍叔叔會把吃剩的雪條棒放進我的嘴裡，叫我向他吐吐舌頭，發出「啊」的一聲，然後又把冰冷的傳聲筒放到我背上，一呼一吸間，不知道他聽出什麼秘密來。而每次臨離開診所前，那個白色的小袋裡會有幾瓶不同顏色的藥水，味道總是怪怪的。

大概這就是我對醫生的第一印象。這個職業從沒在我的兒時志願列表中出現過，想不到自己最後會步上白袍叔叔的後塵，選擇修讀醫科。五年寒暑有血有淚，才發現每塊高掛在診所牆壁的畢業證書及被刻成的金漆牌匾，原來都得來不易。

在家庭醫學科的見習期間，我們先後到訪職員診所、普通科門診與家庭醫學專科門診，每天都要來到狹小的診症室，就像平常看醫生的場景，只是座位對調了。我換成診所醫生的角色，跟病人一問一答來釐清症狀，又手執電筒、壓舌棒與聽診器替病人做些基本檢查，之後更要學習如何寫藥單，並向病人逐一解釋治療方案。在門診看症，其實所見的疾病種類大同小異，不是傷風感冒，就是「三高」（高血脂、高血壓、高血糖）的覆診，偶爾也有為新入職員工進行職前身體檢查、替小孩與老人注射流感疫苗、向即將前往熱帶地區的旅遊人士提供健康諮詢等，還要應付專程來騙取病假紙的偽病人。

家庭醫學科向來最著重 ICE：「I」是 idea，是病人自己對病情的想法；「C」是 concern，是指他們所憂慮的事情；「E」是 expectation，是對醫生能如何幫助自己的期望。當醫學生暫時想不到要跟病人如何問症的時候，以上這幾條問題就大派用場了。

雖然在門診看的病症來來去去都只是些輕微的小病痛，但疾病是死的，人卻是活的。每個求診者都帶著不同的想法、顧慮與期望前來，就算是面對最平凡的病症，有時候我們也會遇上一些有故事的病人。就在我練習診症技巧的過程中，兩個男病人竟然被我（無意地）弄哭了！

年近六旬的李先生是個貨車司機，我也忘記大家當時談到哪個話題，然後他便緩緩訴說起自己的心事——子女的不孝、賺錢養家的辛酸、妻子跟他鬧離婚的難受……也許是因為找不到傾訴對象，他才如此失態地在我們這班陌生人面前灑下了男兒淚。一口氣將不快吐盡後，他離開診症室時的神情也緩解了許多。

醫院工友張先生是長期煙民，醫生完成了有關腰背痛的會診後，叫我嘗試說服他戒煙，誰知道說著說著就勾起了他的傷心事。原來兩年前，他的妻子因車禍離世，自此他的煙癮便一發不可收拾，因為只要停下來，他與妻子的回憶就會如洪水襲來，為了填補內心空虛的缺口，他便慣性地點起一支又一支香煙。

聽著他的故事，我想起林一峰的《一支煙的時間》。火機「噠」的一聲，真的能把快樂燃點嗎？呼出的煙圈消散過後，往事就不再停在心上嗎？看見醫生默默地為他遞上紙巾，引導他將情緒抒發出來，我才發覺他的眼角濕了。要時刻強忍著淚水，他不覺得累嗎？在他黯然離開診症室後，醫生向我們坦承，自己平常也花不起時間去安撫每個病人，不過如今是難得的教學環節，他才可以放慢診症速度為我們示範輔導技巧。

每天接二連三地處理差不多的普通病症、循例開出甲乙丙丁的藥單，家庭醫學一直被公認為沉悶非常的專科之一。但基層醫療連接著其他專科和醫院服務，是整個醫療系統的第一個層次，也是求診者的第一扇門。家庭醫生要在病人口中雜亂的病徵裡找出重點、及時替病人作適當的專科轉介、為定期覆診的長期病患者監察健康狀況，所做的工作雖較其他專科刻板，卻是個舉足輕重的角色。

每個人都會患病，所患的病可能相似，但各人背後的故事卻盡見不同。身為醫者，我們看的應該是病人，而不是疾病本身，希望自己將來再忙再累也不要本末倒置，淪為只懂看症的機器吧。

內科筆記——死神來了

地獄內科的臨床考試終於結束了。內科考試的合格率一向偏低，我們今次的考試更是某位令人聞風喪膽的教授擔任考官！久休復出的他就如一隻被軟禁在籠裡一整年的嗜血野獸，一眾醫學生被迫參與飢餓遊戲的抽籤，不幸被選中的同學會成為貢品，任其宰割，生死未卜……

早在醫科三年級的初階臨床見習期間，我們已經領教過不少內科老教授的「威力」。那時候，每天上課幾乎都提心吊膽，教授站在台上拋下一條接一條難纏的問題，幾個咪高峰就在演講廳中傳來傳去。每個學生體內的腎上腺素都不斷攀升，想著下一個便可能輪到自己；被選中的「幸運兒」就在死寂中思考著，整個演講廳的人都在屏息靜氣地等待著教授的回應……在小組教學的課堂中，教授更會毫不留情地狠批我們的表現，以標準英語説出比粗口更難聽的訓話。面對如此尖酸刻薄的言詞辱罵，醫學生唯有在事後「戲仿」教授們的聲線語調，在自嘲中找回一點樂趣。

外科講求的是手術的明快節奏、精湛技巧；內科則要求一絲不苟的診斷推理、心思慎密的藥物處方，難怪兩科醫生的作風南轅北轍。在內科見習的兩個月中，我們也要走訪不同的內科專科，如心臟科、呼吸系統科、腸胃肝臟科、腦神經科等等，學習不同病症的診治方法。

雖然我肯定自己將來一定不會選擇在內科專科受訓，但無可否認，內科知識是一個醫生必備的基礎。在見習的八個星期以來，我掛著「助理實習醫生」的名牌在各個內科病房裡跟隨醫生巡房，潦亂的筆跡佈滿了三本筆記簿，日子確是過得挺充實的。

可是相對於其他專科，內科給我的感覺總是了無生氣。因為住進病房的大多是無法溝通的年邁長者、苟延殘喘的臥床病人，實在令人慘不忍睹。

這張床的伯伯要靠鼻胃喉來進食，因為吞嚥功能倒退，假若不慎嗆到的話，可能會釀成吸入性肺炎（aspiration pneumonia）。鄰床的老公公則是慢性阻塞性肺病（chronic obstructive pulmonary disease）的患者，他奮力想要掙脫氧氣面罩的束縛，旁邊的正壓呼吸機卻不為所動，繼續大口大口地對他吹著氣。佈滿全身上下的導管為病人搭通「天地線」；行動不便的要靠尿壺或成人紙尿片才能排泄；穿上安全背心（約束衣的一種）的就不能再隨意下床走動。

另一個病房的老婆婆先是被安排穿上安全背心，期間她屢次「拔豆放血」——自行把兩邊手背上的靜脈導管連根拔起。為了避免事情再次發生，於是她的雙手又多綑了幾條幼窄的布條。每次經過那張病床，她都苦苦哀求我們替她鬆綁，可惜大家都愛莫能助。這樣殘忍的事情，在家屬眼中可能是醫療失當，但按過往的經驗，醫護人員要出此下策也是逼不得已。要是她再次動手把身上的喉管都扯掉，或者勉強爬下床致跌倒受傷，又有誰擔得此責任呢？

在內科的見習課堂中，會有不少「抽書大會」。每次上課前，我們都各自準備一至兩個臨床個案作匯報與討論。

「黃太是位六十歲的女士，三個月前——」

「為什麼你要告訴我黃太是位女士？『她』怎麼可能是男士？廢話少說！」

「是……三個月前她身體開始冒出了不少皮疹（skin rash）——」

「除了皮膚外，rash 還可以長在其他地方嗎？重頭再來！」

「對不起……黃太今年六十歲，三個月前身體開始冒出了不少疹子（rash），她自行塗了些藥膏也不見好轉，近一個月她更感覺雙腿乏力，上落樓梯出現困難……進院後才被確診為皮肌炎（dermatomyositis）。」

「身體檢查呢？你找到了什麼皮肌炎的典型病狀？」

「在上眼瞼位置發現紫紅色斑（heliotrope rash），頸背出現如搭上了披肩的紅疹（shawl sign），手指關節的背側亦有粗糙的紫紅色丘疹（Gottron's papule）……」

看著教授與同學一問一答，坐在旁邊的我們不禁捏一把汗。在一星期後，我們再到病房跟進黃太的病情進展。由於皮肌炎與各種癌症有一定的關聯，所以病人也接受了癌指數化驗、正電子掃描等篩查。醫生初步估計她患上了鼻咽癌（nasopharyngeal cancer）。黃太最初以為自己只是患上普通的皮膚病，到急症室求診只為取些藥膏回家，結果卻不似預期，入院後接連收到壞消息，真是世事無常。

從前的我很天真，以為不必背誦那些如咒語般繞口的細菌名稱，也不用牢記每種藥物的所有副作用；從前的我很膽怯，心電圖對我來說是一串難以解讀的古埃及文字，一張肺片就如一幅名畫般難以評論。我不敢說在醫學院待了五年的我已具備足夠的專業知識，但遇見的實例多了，醫學術語不再是空洞的文字，一切所學的都變得紮實多了，我也漸漸能把所學的知識應用到病人身上，一步一步克服了許多許多從前未敢想像的事。

在醫學院五年課堂學習和臨床見習的時光，隨著終極內科見習期完結而告終。傳說中的畢業試即將逼近，希望我能夠順利跑完最後幾公里的路程，平安抵達final destination吧！

Chapter 3

臺大急診交流記

那年，我到臺灣見習去

在大學生涯中，看著身邊修讀其他學科的朋輩們一個接一個到海外學府交流，既能體驗異國的校園文化，又能善用學期中的空檔遊歷歐美，實在令我羨慕不已！

在二〇一六／一七學年開始，港大醫學院新推出了增潤課程 (enrichment year)，讓醫學生有一整年時間參與海外交流、人道救援或科學研究等。但在此之前，醫學院並沒有設立任何到外國交流的計劃，所以這些美好的機會並不屬於舊制醫學生。幸好，我們分別有兩次為期一個月的選修課程，稱為 special study module（SSM）。有人報讀了暑期外語興趣班；有人選擇到社福機構參與義務工作；有人流連在心儀專科部門作臨床見習；有人會在教授的指導下進行學術研究；有人撰寫出天馬行空的計劃書，內容只要獲醫學院審批就可執行。故此我在三年級那年，就這樣去了一趟以「音樂與建築」包裝的東歐之旅！

由於已耗掉了一次非醫學相關的 SSM 配額，所以我於畢業年的 SSM 必須緊扣醫療主

題，最直接的做法是找一所本地或外地的醫院作短期見習。於是在暑假來臨前大半年，我便開始在網上逐步辦理申請手續，把所需文件一一遞交，經過來來回回的電郵通訊，再待畢業試的成績公布後，終於確定成功當上國立臺灣大學醫學院附設醫院（臺大醫院）的交流生了！我平常慣用英語或廣東話來問症，如遇上從臺灣或內地來的病人總變得結結巴巴，或許是時候惡補一下蹩腳的國語了。

在臺灣生活的這一個月，也沾上了一點點的寶島文藝氣息：來到宜蘭幾米廣場，恍如踏進其筆下異想世界的立體繪本；坐擁一片星空草原，鳥瞰以回收保特瓶拼湊而成的梵高畫作；在光點華山電影館隨機購票，觀看一齣以電影為主題的意大利舊片；坐進位於公館商圈的女巫店，欣賞一場氣氛絕佳的現場樂隊表演；出席紀州庵文學森林的一場講座，聽聽九歌出版社總編輯分享臺灣過去興衰更迭的出版時代；參加日星鑄字行的導覽，在一排排鉛字架旁上了一堂活版印刷的歷史課；步入宜蘭舊城南路，置身典雅幽靜的日式庭院、古色古香的木造房舍，泡一壺茶，閱一冊書，享受一段靜謐的午後時光……

我除了把握週末假期到處遊玩，見習期間也累積了許多難忘的經歷：重上模擬演練的急救課、坐進搖晃不定的救護車、目擊重症區的衝鋒陷陣……這可是我人生中的最後一個暑假！大多數同學也不會選擇留港多上一個月的 SSM 課堂，難得有此機會到外地觀光，又能見識一下其他地區的醫療架構與設備，這總算彌補了醫學生沒有 exchange 的遺憾吧！

重上急救課

臺大醫學系的辦公室門外坐滿了年青男女，一張張左顧右盼的面孔顯然都在等待報到。我們這批交流生逐一領過自己的名牌後，便分批跟隨教學助理走到所屬的地點上課。

在交流的首兩天，我被安排到臨床技能中心跟隨一組五年級的醫學生上課。課堂採取「先理論後實踐」的方式，在教學的投影片結束之際，老師指示我們轉移到另一個房間。似曾相識的急救設備鋪滿桌面，而假人正攤睡在病床上。

我早已數不清這是我人生中的第幾堂急救課，由小學時代的幼童軍訓練開始，到初中時期加入紅十字會，高中曾報讀聖約翰救傷隊的證書課程，上了醫學系當然亦有學習過急症科的知識。但說來慚愧，如今我對「急救」仍然有種莫名的恐懼，感覺就像你掌握了一種外語，卻從未試過正式運用於日常對話中，日子久了自然生疏，到了外地要跟當地人面對面交談，也不免膽怯。這也像急救箱裡那幾包生理鹽水一樣，光是放著不用，慢慢就會變成一堆要被廢棄的過期物品。

三角巾與彈性綳帶卻有著跟生理鹽水截然不同的命運，即使已經變皺發黃，它們仍然能繼續留下來供每屆學生使用。每次急救班的第一節課，總是有關傷口的包紮處理，這次亦不例外。要是遇上較嚴重的創傷事故，應急的設備當然就不只基本急救包了，救護人員更要準備一套用以保護傷者脊椎的救援物資。

在課堂上，老師請一個同學來扮演因車禍受傷的電單車司機。戴上頭盔的他橫躺在軟墊上，我們小心翼翼地替他脫盔、戴頸圈後，再進行滾木式翻身（log roll），合力將傷者安放在長背板上，最後在他的頭部兩側加上頭部固定器，就可以把他運上擔架送院治理了。其實我在港大醫學院也上過類似的交通意外模擬課，但我如今唯一能回想起的，就只有那些跟大家一起戴著頭盔裝帥拍照的無聊往事！

接下來是每個醫學生引頸以待的急救教學環節——「插管」與「電擊」！大家在電視劇或電影中，總會看到醫生在急救時為病人插管和以電流幫助心跳停頓的傷者回復心跳吧？醫學生都覺得學會了這兩招「絕技」才像個真正的醫生，其實大家都被荼毒得太深了。

為病人放置氣管內管（endotracheal tube）的動作，俗稱「on endo」、「插喉」或「tube 人」。簡單來說，就是把一條塑膠管子放進病人的氣管內，以確保他的氣道暢通，再配合儀器維持病人的呼吸及持續供氧。在初學時，我們連如何接駁喉鏡的手柄與葉片都研究良久。而最常犯的錯處則是誤插食道，如果泵氣時假人兩邊的肺部動也不動，胃部卻反而脹鼓鼓的，那便是「插錯喉」了。

至於那部貌似熨斗的「放電機」，就是心臟除顫器（defibrillator）。只有在特定情況下——當監測儀顯示心室纖維性顫動（ventricular fibrillation）或無脈性心室頻脈（pulseless ventricular tachycardia）時，我們才會使用它，用強大的電流使病人恢復正常心律。在劇集情節中常常出現的直線心電圖，其實是屬於無收縮心搏停止（asystole），在這種情況下無論怎樣瘋狂電擊病人，也不會有任何作用！希望大家不會再被誤導吧。

不單在醫院，現時很多公共場所亦設置自動體外心臟除顫器（automated external defibrillator，簡稱 AED），但一般大眾對它的認識似乎不是太深。AED 的操作其實非常簡單，語音提示亦十分清晰，只要根據示範圖在病人胸前放置兩塊貼片，它就會自行分析病人的心律，再判斷是否需要電擊。大家毋須對它存有恐懼，平時也不妨多留意它的位置，在必要的時候也可以參與救援呢！

重新上了這幾節急救課後，最後我還要參與「情境模擬綜合演練」。我們四名醫學生分別站在假人的兩旁，負責指導的老師則安坐在隔壁的房間，透過單向反光玻璃窗監察著我們的行動。

他透過咪高峰簡述了病人的情況後，我們便開始進行模擬搶救。我還以為自己能把溫故知新的急救技巧如數實踐出來，誰知大家都手忙腳亂、不知所措！我們這一組人未有立即開始心肺復甦術（cardiopulmonary resuscitation，簡稱 CPR）、沒有及時找出病人心臟停頓的原因、把醫療儀器通通接駁錯誤……簡直是胡鬧一場！要是躺在床上的並非塑膠假人，我們已白白斷送一條寶貴的生命了。

就算上過無數次的急救課，原來仍不足以讓我們救活一個人，因為親歷其境的臨場經驗是無法複製的。這也是我選擇到這裡的原因之一：登上救護車追蹤最前線的院前評估、留守急診重症區觀摩學習……把自己置於急救現場，我才能夠體會這一切！

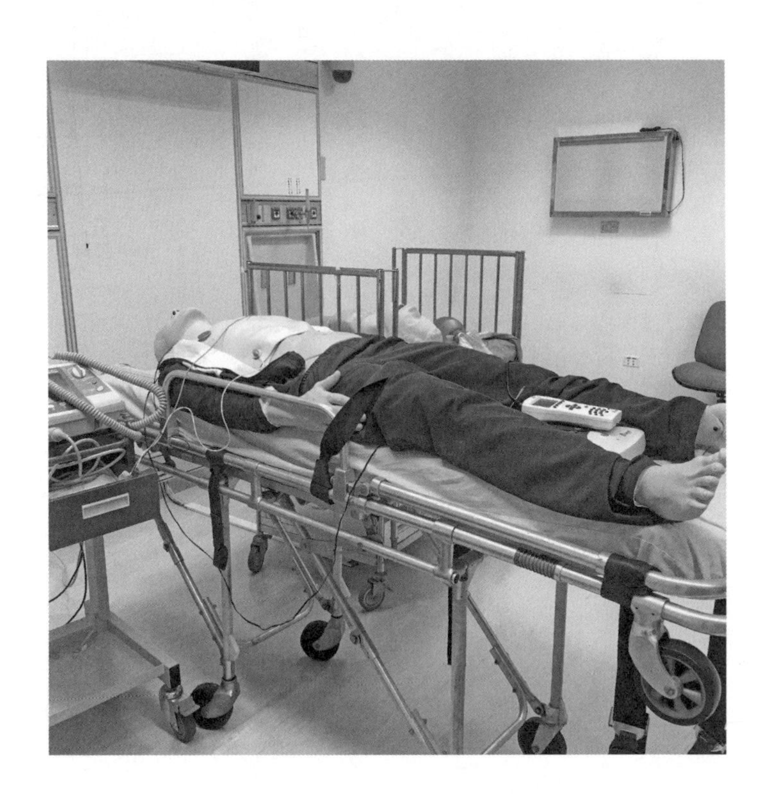

救護車出勤

手機熒幕顯示現時為下午七時二十五分，我們在消防局休息室已經等了一個多小時。

「噹啷！噹啷！」一聽到那短促的警報鐘聲，我不敢有半分怠慢，帶上輕便行裝隨即拔腿就跑，匆匆跨落樓高兩層的昏暗梯級，再橫衝直撞地跳進車廂後座。車門才剛剛被關上，救護車就急不及待地開動了。

隨車出勤是急診選修科的課程之一，我和同行的臺灣醫學生在車上各自取了一件制服，是有反光物料的海軍藍網布背心，上面印有「救護技術員」的標記，穿上後我們就能「冒充」成 emergency medical technician（EMT）的一員，在行動中作近距離觀察。

首次登上救護車，我把握機會掃視四周，駕駛室後方似是一個被壓縮的神秘空間，狹小侷促，卻載滿了齊全的設備。置中的擔架床上擺放了幾個紅色的大袋，分別是急救包、電擊器與氧氣筒，左邊車身接駁著氧氣供應，與之相鄰的一列組合櫃有大大小小的

抽屜，按氣道（airway）、呼吸（breathing）及血液循環（circulation）分類，井然有序地安放著各種醫療用品。

我們二人並排坐在車身右方的長椅上，一邊抓緊扶手，一邊於搖晃不定的車廂裡戴好口罩與手套，準備迎接第一項出勤任務：一名中年男子突然失去知覺，在公車站旁攤倒在地上，四肢曾出現抽搐徵狀。

救護車到達現場，駛近路邊停靠在一旁，包括司機在內的兩名救護員提著急救包跑到中年男子的身旁。他們一邊聽報案途人簡述情形，一邊默契十足地評估病人狀況。他們先檢查病人的呼吸與脈搏，再將充氣袖帶圈在病人手臂量度血壓，又把探頭指套夾在病人的指端測出血含氧量，還採集微量的血液沾在血糖試紙上，最後把各組讀數準確地記錄下來。

在快速檢查期間，病人逐漸恢復意識，雖然他仍未完全清醒，但從他的簡短對答間已透露出一絲線索——他有癲癇症（epilepsy）病史，卻一直拒絕服藥。經過一輪勸喻後，他最終同意接受送院治理。此時，流動擔架床順著軌道從救護車車廂滑下，著地那刻竟變成了一張輪椅。大家扶他坐穩後，背板重新放平，我們為他扣上幾條橫跨身體的安全帶，便合力將床架推回車上。

到達鄰近醫院的急診室後，他似乎已經完全甦醒過來。神智清醒的他一如以往諱疾忌醫，還未等到急診室的醫護人員為他作進一步檢查，他已決定自行簽紙立即出院，完全罔顧自身的安危。當癲癇發作時，病人本身就有窒息缺氧的風險；要是病人是在駕車、游泳途中發作，就更加容易釀成其他意外。

一早一晚的兩次出勤體驗結束後，我才發現那位中年男子並不是唯一一個拒絕接受治療的病人。一般情況都是途人主動替事主致電 119 求救，但有很多當事人根本連救護車也不願意上呢！你或者會問，那麼出動救護車不是徒勞無功嗎？我倒不認同，說不定到了下一次病發時，他們便會珍惜求醫的機會——我們總不能放棄任何能救活生命的機會啊！

我們不願意錯過任何病人，只要有任何求助，救護員還是會不遺餘力地趕來救援的。縱使抵達後發現傷者已不知所終、縱使常常會遇到「狼來了」的濫用個案、縱使某些不幸的病人等不及救護員來到便離世……如果說急診室是醫院的最前線，那麼趕到第一現場的救護人員就站得更前，他們既要及時為病人進行評估與急救，肩負著院前把關的責任，在運送病人進院的途中亦要持續監察、隨機應變，實在功不可沒。

響起了警號，亮起了閃燈，車窗外的街景迅速倒退，我不在他方，卻身處長嘯與亂光的來源，一輛全速疾駛的救護車之上。

重症區中的閒聊

暴風雨的前夕，一切風平浪靜。那個晴朗的下午，我們一群醫學生空閒得圍坐在重症區一角，大家興致勃勃地談論著各國醫學生的升學週期、學醫時常用的俚語，還有一點也不科學的病房禁忌等等。

原來修讀醫學系的年期，跟隨美制教育和英制教育的地區都會有所不同。跟隨美制的日本醫學院採用六年制，畢業生通過「医師国家試験」後，便可取得執照，然後展開為期一年的實習期。在同樣走美制的臺灣，舊制醫學生要在大學七年級開始實習，通過國家考試（第一階段於四年級下學期，第二階段於七年級畢業後），成功取得醫師資格後，還要再接受一年的 post-graduate year（簡稱 **PGY**）訓練；自二〇一三年起，新制改為六年醫科課程加兩年 **PGY** 訓練，合計起來還是要花上八年才能成為真正的醫師。美國的學生則要先完成其他科系的學士學位，才能申請進入醫學院就讀，這樣四年又四年，再把一年實習期算進來的話，一共要花上九年光陰啊！

而英國的醫學課程有五年和六年之分，畢業後的實習期雖然跨越兩年，但與香港醫生比較，當值時數、工作量等都較有保障。相比之下，像我這個舊制香港醫學生，只需唸五年醫學院加一年實習便能執業，還真是划算。如果是三三四學制的醫學生，便要唸六年醫學院，再當一年實習醫生才能正式執業。

說到學醫時的辛酸，一眾苦主當然是不遺餘力地大吐苦水，原來大家的經歷都相當類似。最初來到臺灣時，常常聽到臺灣醫學生說某個老師會「電人」，我大惑不解。現在總算知道「被電到」的意思，是指你被教授點名要回答刁鑽難纏的問題卻又招架不住，便會遭到訓話至啞口無言！這種情況跟美國醫學生口中的 pimping 或香港醫學生常說的「抽爆書」應該相差不遠。反正結論就是，各地的教授們都愛以難題「鞭策」學生和打擊學生自信。

至於兩岸醫院病房中的禁忌，也許是迷信成分居多，但也不失為沉悶的醫院生活中的點綴吧？

你猜猜，有什麼食物是絕對不能在當值時亂吃呢？在香港，有兆頭不好的雞手鴨腳、象徵要輸血的紅豆沙、貌似腸胃出血的芝麻糊、代表密密送上新症的「麥麥送」外賣等等。由於米粉的粵語諧音是「咪瞓」，所以流傳說想要在值夜班時多睡一點的話，就要改吃通粉（通瞓）或河粉（可瞓）。臺灣的醫護人員也同樣迷信，芒果帶有諧音「忙」碌的意思、鳳梨的臺語發音「旺來」也不太吉利、旺旺仙貝說是會引來接二連三的新症、鴨胸肉意味著要進行 CPR 的「壓胸」……我只能說大家的聯想力實在太豐富了。

有位臺灣學生分享說，曾有位醫師以「鳳梨的禁忌：迷思或真實」為研究題材，親身進行實驗看看這個水果是否真的會帶來厄運，結果當然是沒有影響，總算是還了無辜菠蘿一個清白！但俗語說「寧可信其有」，大家還是對此深信不疑，所以當你要選購伴手禮給臺灣的醫護人員時，千萬不要送芒果乾或鳳梨酥喔！

我們一眾醫學生還在談個不停，絲毫沒察覺到重症區的氣場已漸漸轉「黑」——兩名危殆病人正被送進來，一個被高壓電意外電到，另一個則是急需壓胸搶救的心跳停頓個案！

國立台灣大學
醫學院附設醫院
NATIONAL TAIWAN
急診部
EMERGENCY
DEPARTMENT
急診部

一觸即發的危機

急救床上正躺著一名年輕男子，他在高危的工作地點不慎觸電，由於公司未有提供適當的防護裝備，極高的電壓一下子就全釋放在他的身上。

從他左邊腋下蔓延至前胸與脖子，原本黝黑的皮膚變得一片通紅，外層表皮斑駁脱落，左前臂更出現一點點燒焦般的黑印。醫生憑著這樣的傷勢快速推斷，當時電流是由他的左手進入體內，穿越過上半身軀幹，再在右手指端離開。

被送進來重症區的時候，男子的神志仍然清醒，幸好他的心室沒有被突發的電擊引致顫動或停頓，要不然形勢將會更加險峻。但清晰的意識令他承受著巨大的痛楚，他全身都在微微地顫抖著。

醫生一邊填寫病歷，一邊壓低聲線跟我們說：「這個病人未必能活下去。」我的心不禁揪緊，他的維生指數一切正常，現在人看起來也是好端端的，能及時送院接受治療，還是會捱不過來嗎？

我的腦海突然浮現起那年臺灣的八仙樂園塵爆意外，當時也有很多本來情況穩定的年輕傷者，最後不敵燒燙傷的併發症而撒手人寰。何況這個病人不只外傷，胸腔裡的內臟都被高壓電通過，會造成難以逆轉的創傷。我倏然明白醫生心裡的憂慮。

經初步評估後，治療程序馬上展開。要先給予嗎啡（morphine）為病人止痛，接著是注射預防感染的抗生素（antibiotics）與破傷風針（anti-tetanus toxoid，簡稱ATT）。

再來是進行大量的靜脈輸液和放置導尿管，因為肌肉細胞受損後，會在血管釋放出有毒物質，這樣做能有效減低橫紋肌溶解（rhabdomyolysis）造成急性腎衰竭（acute renal failure）的機會。

醫生還替他安置了中央靜脈導管（central venous catheter），方便日後持續給予靜脈輸液，希望加快排出壞死肌肉所釋出的毒素，同時亦要補充因為血管滲漏、皮膚缺損而流失的水分。

他的皮膚正被多塊浸泡過生理鹽水的紗布覆蓋，那些傷處將來還可能會出現腔室症候群（compartment syndrome）等併發症，或需接受焦痂切開術（escharotomy）來減低壓力，遺留疤痕是無可避免的，但那些都是後話吧？急救治療到此為止，接下來的一段日子，他要留在加護病房接受治療與觀察，每一天都面對新的挑戰。

一瞬間爆發的電量、一刹那竄升的火舌，都帶來無窮的後患。生命無常，但令人悲憤的是，這類意外明明可以避免，卻無人在意！就算再多的賠償，也無法彌補對傷者健康的損害，無法撫平已造成的傷痕。我只希望人們能從災難中汲取教訓，往後不要再發生同類的悲劇了。

心動的瞬間

剛剛才處理好被電擊男子的急救個案，在搶救室的另一邊，一名七旬老婦就被推送進來。她無意識、無呼吸、無脈搏，救護員在護送途中已不間斷地為她施行心肺復甦術，但她的心臟似乎不為所動，仍未有重新跳動的跡象。

醫護人員早已分配好崗位，在搶救室中嚴陣以待。老婦剛被移上急救床，有人便開始接力按壓胸骨；有人專門處理氣道與呼吸，為病人放置氣管內管並接駁上呼吸機；負責去顫電擊、注射針藥的同事亦在旁準備就緒，等待 leader 判斷心律後發出各樣指示再行動。牆上的計時器每兩分鐘便會重新倒數，記錄員順著時序記下細節，將整個爭分奪秒的急救過程一一筆錄下來。

相隔一會兒，大家都會暫時停下手上的工作，緊盯著床邊的心電圖顯示器，觀察老婦的心跳頻率規律與否、心電圖的波形寬闊或狹窄。數十分鐘過去，她的心律來來回回地轉換著，不斷在VT（ventricular tachycardia，心室頻脈）、VF（ventricular fibrillation，心室纖維性顫動）與PEA（pulseless electrical activity，無脈性電活動）之間徘徊。醫護人員由一百五十焦耳增至二百焦耳施以電擊，又為她注射一支又一支的強心針及調節心律的藥物⋯⋯但醫生伸手去探她的頸動脈，每次都失望而回。大家只好繼續埋頭急救，開始下一個循環。

全自動的人工心外壓機替代了疲倦的人手，按壓達到每分鐘一百二十次的規律、五厘米的標準深度。我從旁看過去，它就像一部微型的打樁機，撼動著一副瘦弱塌陷的身軀，偶然傳來一兩聲清脆的「咔啦」聲——不知道有多少條肋骨斷裂了。

這時候，老婦的丈夫與女兒趕到，醫生坦白地將情況告之。老伯伯看見老伴奄奄一息，回到簾後即心痛得泣不成聲。要繼續全力搶救，還是選擇忍痛放手？這對所有家屬來說都是個艱難的決定。就算明知道某些治療只是在延長病人的痛苦，但當急救床上躺著的是自己最親的人，你能如此灑脫嗎？

就在猶豫不決之際，奇蹟出現了！

婆婆突然恢復了自發性呼吸，大口大口地喘息著，脈搏也終於跳動起來。雖然這樣並不代表她已經完全脫離危險期，但沒有什麼比剛才心跳停頓的情況更壞！至少現在他們可以多聚片刻，在真正離別之前道盡心裡的話……

身處重症區的急救現場，我的心跳不知不覺地加速狂飆。這對於跟死神多次搏鬥的急診室醫護人員來說，或許只是等閒事，但自己頭一次目擊整個搶救過程，我的心情久久不能平伏。一連接收兩個危殆個案後，搶救室內一片狼藉，一堆空藥瓶被擱在桌上，血跡斑斑的地板佈滿被踩踏的痕跡，還有三三兩兩的酒精棉片、染血紗布與膠手套散落各處。經過一輪的奔波過後，大家都鬆了一口氣。

「是誰偷吃鳳梨？」護理師（臺灣護士的稱呼）一邊收拾殘局，一邊開玩笑地責問我們。看來有些禁忌連掛在口邊也不能，經此一役後大家都變得更加迷信了！

Chapter 4
候士民求生記

被醫學院偷走的那五年

醫學院經常作弄學生，總愛在發放成績的前夕嚇唬大家，令我們以為自己收到考試不合格的來電通知，誰知接線後才發現，那只是催促我們在網上填寫課程問卷的「溫馨提示」罷了。醫學院不厭其煩地又跟我們開了個玩笑，竟然選在愚人節當天公布我們本屆的畢業試結果！還特別說明這是一張非正式的成績單，但同學們都懶得計較真偽，陸陸續續在臉書上宣布自己當上了醫生。

愚人節當天，伏在床上輾轉反側的我打開電郵檢查，在迷迷糊糊的 jet lag 中，好不容易才找到自己的所屬編號，發現旁邊一行排列整齊的 pass！就在那個初抵達劍橋鎮的朦朧清晨，我正式脫去醫學生的身分，名正言順的成為一名醫生。

拆開收藏在行囊中的一個信封，明信片是一幅復古相機的宣傳海報，印上了「Congratulations!」，背景是一幕幕拍攝畢業照的花絮。兩年前我在紐倫堡買下了這張別

出心裁的金屬明信片時，早已打算送給畢業後的自己，現在打開這個時間錦囊，當初寫在明信片後的鼓勵與祝福都成真了，然而這一切全都得來不易。

大一大二的時候，當別人還好夢正酣，我們便要從溫暖的被窩中爬出來，每天趕在八點半前擠進演講廳上早課。沒有本部校園的熱鬧歡騰，遠離塵囂的沙宣道自成一角，醫學生就在圖書館的浩瀚書海裡載浮載沉，在顯微鏡下觀察另一個宇宙，在冷冰冰的不鏽鋼長枱上進行大體解剖，在陸佑堂內對著百多頁的試卷奮筆疾書。那時候我們都只是個紙上談兵的醫科新丁，毫無實戰經驗。

由大三開始，我們跨進醫院的門檻，不再依賴假人道具來練習，也再沒有遺體供我們解剖研究。我們被教授帶進各個病房、門診部與手術室，轉而向活生生的病人學習。想不到病人們在醫學生面前，竟毫不保留地分享自己的病情，又會順從地赤裸著身軀讓我們檢查。

升上了四、五年級，經過教授們嚴格的訓練後，我們開始掌握不同的臨床技巧，亦漸漸了解到這門專業是何等神聖——醫者被賦予撫平傷痛的能力、掌握著別人的安危與性命！能力越大，責任越重。這幾年間，穿梭於各個病房之中，見盡無數的生老病死，在跟病人的相處中汲取人生經驗，也在許多不幸與痛苦當中反思生命的意義。轉眼間我們已在醫學院熬過了幾年寒暑，不再是當初那個年少氣盛的小伙子，卻因這數載的醫學訓練而成長了不少。

被醫學院偷走了寶貴的五年，我依然無悔無怨，全因我在習醫路上經歷了一段不凡的青春。苦候多時，終於可如願披上素黑的畢業袍，讓四方帽的穗子整齊地垂在左方。畢業禮過後，在港大的校園各處拾回昔日的時光，這大概是我對青春的一場告別。

褪下黑袍，換上白衣後，我便不再享有醫學生的保護罩，從今要肩負起醫者的使命了。

迎接更艱苦的實習生涯

六月伊始，我正式告別醫學生時代，展開一系列的職前培訓及準備。從前在病房中，我們只是一班毫無建樹的見習醫學生，但往後開始，大家就要負起重擔，成為事無大小都會被召喚到病房工作的實習醫生（houseman / house officer / HO）。在我們真真正正進化成一名houseman（又稱候士民）之前，還有不少事前任務要完成呢！

職前體檢

投身醫護行業之前，要先確保自己的健康狀況足以應付院內工作。職員診所的醫生會檢閱你過往的病歷，當中以疫苗接種記錄尤其重要。然後還要做一連串基本的身體檢查，如驗眼、聽心肺、檢查腹部，再看看剛「出爐」的肺片、小便化驗結果……醫生或會在你臨走時加送幾句勉勵的話，入職前的驗身程序就結束了。

簡介講座

還以為成功畢業後就可以逃出醫學院的演講廳，沒想到還是要回到演講廳的座位上乖乖聽課。

在這些冗長沉悶的演說和簡介中，我總算對香港醫學會（The Hong Kong Medical Association, HKMA）、香港醫務委員會（The Medical Council of Hong Kong, MCHK）及香港醫學專科學院（Hong Kong Academy of Medicine, HKAM）加深了認識。廉政公署的職員亦到場生動地講解了不少與醫生息息相關的法例條款。像在某公立醫院發生的「打尖割瘜肉」事件，全城議論紛紛，職員也有跟我們討論這類「特事特辦」的個案。

註冊登記

在正式掛上 doctor 名銜之前，我們要先向醫務委員會遞交申請表格，並在衛生署的中央註冊辦事處宣誓，證明所交資料皆屬實。手續完成後，我們只屬於臨時註冊（provisional registration）醫生，捱過為期一年的實習生涯後，才可以辦理正式註冊（full registration），名正言順掛牌執業。

急救課程

入職前必修的急救課程有二，都是由美國心臟協會提供的課程：基本生命支援術（basic life support, BLS）和高級心血管生命支援術（advanced cardiovascular life support, ACLS）。前者主要教授正規的心肺復甦術（俗稱「搓人」），只需花上半晝就能獲取證書；後者難度較高，密集式的兩天課程能讓你活學活用，日後一旦遇上危急情況，也懂得何時要「搓人」或「電人」（使用心臟除顫器）。能夠運用這套ACLS的共通語言，便能在急救團隊的各個崗位上出一分力。

模擬演練

醫院管理局為我們安排了模擬演練課，這些像真度極高的simulation訓練既有趣又實用。我們要輪流在假人身上練習配血、抽肺積水等基本技巧；熟習電腦系統的操作、抄寫藥單的格式；從不同個案中，複習如何處理輸血後的不良反應、重溫運送病人時的注意事項等等。

以上都是一些新紮醫生的日常工作。導師說他們以往都沒有機會接受職前訓練，初出茅廬往往只能隨機應變，不像我們現在這樣幸福。

崗位分配

由兩所大學醫學院統籌的 intern allocation 對每個準 houseman 來說，都是極刺激的環節。與升學派位系統相似，我們都要從一大堆選項裡排列個人的「志願」，只是心儀的學校變成了醫院，感興趣的學科換成了專科部門。在實習期的一年內，我們將會獲派到四個部門作為工作地點，各個 rotation 為期三個月，內外兩科是我們必定要去實習的部門，其餘常見的專科選項包括骨科、兒科與婦產科等。

在抽籤結果公布之後的七十二小時內，我們還可以在網站系統裡進行「以物易物」。各人可根據本身的選科意向、居住地區，還有各個醫院部門的工作環境、學習機會或忙碌程度等的崗位偏好，來跟其他準 houseman 交換手上的「實習卡牌」，務求使各人都擁有最理想的實習組合。

交接過渡

在確認自己的實習崗位後，我們便要到獲分配的首間醫院報到，再領取職員證件、當值更表和宿舍房間等，亦要參與該專科部門的迎新活動。在崗位交接的過渡期，身為助理實習醫生（assistant interns）的我們要一邊跟隨即將卸任的 houseman 在病房裡「清功課」，一邊向經驗豐富的他們取經學習。對於我們這班實習新丁來説，目前所有事物都是新鮮的，也不知要經過多久，我們才會適應過來，工作得像前輩一樣純熟呢？

我們都戰戰兢兢、忐忑不安，口袋裡放著《候士民手冊》與《常見醫囑範本》，默默地等待著七月一日的來臨，期望用這最艱苦的一載歲月，換取最寶貴的經驗與回憶！

每天都是一種練習

作為職場新鮮人，我以外科實習醫生的身分在醫院掙扎求存了一個月，越發覺得自己像重返校園，天天過著中學生似的生活。

每天早上回到醫院，換上泯滅個性的制服後，便要處理桌上堆積著的一疊疊「功課簿」，還有各式各樣的「通告」正等待被簽署蓋章，放學後又要輪流當上「值日生」，留守醫院通宵候召，但時間表上卻不再設有固定的小息與午膳時段。

Houseman 的工作包括替病人抽血與打豆（在靜脈導入軟管，用作輸液或藥物注射）；當有新入院的病人被送上自己所屬的病房，我們也要盡量減輕駐院醫生（medical officer / MO）的負擔，先完成收症的工作——問病歷、做檢查、安排初步化驗與治療計劃。除了以上的例行工作，我們在其餘時間大多是處理文書事務，內容其實跟語文科練習一樣，離不開「讀寫聽説」四大範疇。

閱讀理解

一大清早，經過數輪的醫生巡房後，每張病床的牌板上佈滿形形色色的字跡，有的工整秀麗，有的潦草凌亂。作為實習醫生，要辨認出主診醫生的書面指示，再準確無誤地完成任務，可是非一般的閱讀理解！幸好有些善心的病房護士會替我們解讀一遍，並把任務抄寫下來。有時候也會遇到連護士也翻譯不了的「火星文」，那就要找主診醫生問清楚！牌板上的便條貼就是我們的「功課」清單，下班前還未完成就要被罰留堂，稍有錯漏亦要重新改正。

綜合寫作

要是病人在住院期間出現了其他病症的徵狀，主診醫生會輕輕放下一句：「諮詢／轉介某某專科。」然後我就要將病人的病歷扼要地摘錄下來，寫成一頁 consultation form 或 referral letter。

有時當病人情況好轉，檢查結果回復正常，主診醫生認為他們適宜出院了，牌板裡又會寫上歪歪斜斜的「HOME」——這意味著我要呈交多份「作文功課」！首先要將病人的住院經過歸納和總結，撰寫出一份完整的「叉心」（discharge summary，取其諧音）；然後要準備一大疊出院所需文件，包括加加減減後的出院藥單、呈交給不同專科的轉介信、下次覆診前的抽血紙或掃描檢查的排期、列明住院日數的病假紙、給老人院或其他部門的 reminder 等等。

假如有多個病人要同時乘坐非緊急救護車回家，我更要在限時內趕緊提交，要不然病人就會滯留於病房，等到翌日才能出院了！

抄寫練習

每當病人留院過久，藥紙的空格快要填滿時，護士就會提醒我們預先「過藥紙」，意思是「搬字過紙」，抄寫病人服用的藥物名稱、劑量、服用時間及途徑，好讓護士能繼續準時派藥。這份「功課」像小學時代的 copybook，所以經過多番抄寫，我不知不覺對各種藥物和其使用劑量加深了印象，這大概就是罰抄的好處吧？有些醫院現已改用 IPMOE（In-Patient Medication Order Entry）制度，以電腦系統全面取代手寫藥紙，運作起來各有利弊吧。

剛剛完成的一大疊出院「功課」。

聆聽技巧

在中學應考聆聽試卷時，耳邊總是會響起那熟悉且煩人的《綠袖子》曲調；如今當上了 houseman，測試聆聽技巧前響起的便是傳呼機刺耳的鈴聲。電話接通後，護士會如連珠炮般一口氣報上病人的主訴、維生指數等等。「五十二歲男子，發燒與右下腹疼痛，體溫達攝氏三十九度，血壓正常 130 / 90，脈搏跳得有點快，每分鐘一百二十五次。」說罷，就等待我判斷哪個新症比較危急，從而決定處理病症的先後次序。

口頭報告

Grand round（俗稱大巡房）可說是病房每週的盛事！在部門主管的帶領下，整個團隊論資排輩地尾隨其後，浩浩蕩蕩地巡視各個病房。此時實習醫生要在眾多前輩面前匯報病人的進展，這比我當年的口語考試緊張得多！

跟放射科醫生「講數」更是考驗口才的時候。每當主診醫生下令要安排緊急的檢查或程序，例如是腹部電腦掃描、以超聲波定位的引流術等等，我們就要攜著牌板跑上跑下，向放射科醫生解釋病人的病情如何惡化、主診醫生希望在檢查中得知什麼結果……我們費盡唇舌，只為爭取一個較快的排期讓病人盡早完成所需的檢查。

Houseman的「功課」包羅萬有、多不勝數，恕我不能在此一一盡錄。有時候我們要護送病人到深切治療部，有時候也要負責運送上級醫生的外賣飯盒……簡單來說，我們既是血姑、豆姑、ECG姑，又是文員、接線生、速遞員，更是學徒、助手、跟班與出氣袋！

外科實習的二三事

每天上班都是一種練習，每次值班都是一種磨煉。

每隔三至四天，我們這班外科實習醫生都要上演一回「on call 三十六小時」：整晚攜著傳呼機隨時候命；東奔西跑收新症、趕「功課」；看看新鮮「出爐」的X光片、心電圖與血液檢驗報告；處理病人在凌晨時分出現的各種狀況，如疼痛、便秘、失眠、發狂等等。至於 on call 的晚上能夠睡多久，就得看你的修為與運氣了，不過即使徹夜未眠，翌日還是要繼續如常工作啊！

不經不覺，第一水（rotation）的實習期已接近尾聲，以下是我離開外科前想記下的二三事。

數之不盡的第一次

實不相瞞，我在學醫時從未試過為病人進行探肛檢查（per-rectal examination，簡稱PR exam），亦未能成功爭取放置尿喉（Foley / urinary catheter）的實戰機會。不過要來的始終要來，實習期就是由無數的第一次組成：第一次PR、第一次插Foley、第一次打豆、第一次抽A（arterial blood，即動脈血液）、第一次「搓人」、第一次cert人（宣告病人死亡）……原來只要衝破了心理關口，每次新嘗試都會成為寶貴經驗。

照向那空洞無神的雙瞳

眼睛是靈魂之窗，你有想像過逝者的目光是怎樣的嗎？每當有病人離世，實習醫生都要為他作最後的檢查，才能正式宣布死亡。我伸手在他的頸項徘徊著，已摸不到脈搏跳動；把聽診器放在他胸前，也聽不見心跳與呼吸；用手電筒照向那已擴大失焦的雙瞳，平靜得如死水；接駁著他身體的記錄儀器，列印出呈一條水平線的心電圖……死去的人的雙眼總顯得空洞無神，但我不敢直視的卻是家屬的淚眼，因為那才最令人悲痛。

一針見血的快感

Houseman 每天最常做的工作，就是從病人身上尋找血管。有時是要抽取病人的血液樣本，再注入瓶內拿去化驗；有時是要在靜脈導入軟管，用以注射藥物、「吊鹽水」等等。漸漸，大家開始染上一種怪癖，目光總是慣性地投向別人的手背或前臂，一旦瞄到脹鼓鼓的充盈靜脈，內心就有種莫名的興奮！想像著將針尖刺入皮膚，沿著血管流動的軌跡逐吋推進……至於回血與否，便是快感與挫敗感的對決。

手術室學徒

見習期間我早已參觀過不少手術，但通常都只能在遠距離觀看，如今當上了外科的實習醫生，「洗手上枱」的機會多了。Assistant 的工作主要是拉拉鈎、剪剪線、擦擦血而已，但有時候也會獲派其他任務。我試過在病人的大腿上割取一層薄薄的表皮用作移植，也曾目睹睪丸扭轉（testicular torsion）後壞死發黑的真實畫面，再手執電刀與針線參與這趟刺激的切除手術。

戲劇性的搶救時刻

我永遠忘不了首次「搓人」的情景。有位病人肚內懷有一顆碩大的腹主動脈瘤（abdominal aortic aneurysm，簡稱 AAA 或三條 A），先後出入過 ICU、HDU 等病房，我好不容易才將他的出院紀錄整理好，誰知他一踏出病房就昏了過去！一眾醫護人員把病人重新搬回病房後，竟發現他已沒有任何脈搏或呼吸，於是大家紛紛輪流為他施行心外壓，累了就換人頂上。到我跪上床沿開始 CPR 的時候，剛巧要移動病床到另一位置，結果我的第一次「搓人」竟像拍劇般在連人帶床的運送過程中進行！

另一段難忘的搶救過程發生在午夜時分。病人因失血過多引致休克，經過多番的全速輸液與輸血，他的血壓仍然未見回升。未等到運送員（porter）抵達病房，我們已急不及待地展開 escort，更出動到 1st、2nd、3rd call MO 陪同運送！我們由病房出發到電腦掃描部，再直接轉送病人到手術室進行緊急止血手術。在等待掃描結果期間，病人的血壓曾再度回落，血包都快要滴光了，我要跑到轉角的急症室借取多支 gelofusine（代用血漿的一種）回來！那真是一個險象環生、黑氣過盛的晚上！

白白豬是怎樣煉成的

一個 call 的「黑」與「白」，大概可以從當晚的睡眠時數推算出來。為了能多睡片刻，我由早餐開始就非常謹慎，會把米粉（咪瞓）改為通粉（通瞓），飯後飲品也只能是維他奶、好立克或豆漿，而 night food 必定是豆腐花、雲呢拿甜筒與白果腐竹糖水之爭。但我常常算漏最重要的因素——要是一起當值的 houseman 和 MO 向來運氣不佳，那麼再多「吉利」食品、飲品或甜品也稀釋不了他們的黑氣吧！

Post-call 症候群

On call 的時候，當值醫生跟住院病人的狀態其實分別不大——同樣地面容憔悴、身體虛弱。病人在手術前不准飲食（nil per oral），我們也會因為工作量繁多而忘卻飢渴，弄得自己的排尿量（urine output）少之又少。本來打算趁著空檔 bed rest 一下，卻因為某位病人睡不著覺而被召喚回病房開藥……值一次班，廢寢忘餐，不知燃燒了多少青春與健康啊！

經過一整段值班時光後，post-call 的工作效率通常會大打折扣，犯錯機會也大幅提升。同伴們不幸遇上的針刺意外（needle stick injury），大多是在 post-call 狀態下發生。而我也曾在睡眠不足的情況下「自殘」，一頭撞上了兩輛救護車之間的倒後鏡，鼻樑上瞬即佈滿一片瘀青。

實習中的小確幸

為什麼每天都要換上奴隸服任人差遣？為什麼眼前的工作總是千篇一律、沒完沒了？為什麼連自己的私人時間都要被吞噬？最初我還未適應新工作，曾有段時期只要一靜下來就會想哭，常常懷念起以往無憂無慮的學生歲月。

然而在實習中還是會遇到一點點小確幸，能成為你每天上班的動力。跟大伙兒一起到醫院食堂分享美味的餸菜；深宵時分在茶水間邊吃糖水邊吐苦水；與病房護士暢談捉 Pokémon 的策略；看見 MO 套用自己所寫的收症紀錄然後直接蓋章；見證著病人得到適切的檢查與治療後康復出院；還有忙碌過後收到的薪金！

首三個月的實習期能夠在「戰地」外科學習也是一種緣份，我在沿途解開了無數的隱藏關卡，也增添了不少臨床經驗值。接下來要到下一所「道館」挑戰了！

吸血鬼大戰小魔怪

剛剛由外科轉到兒科來實習，我很不習慣，因為病房環境、配套設施、工作模式等，一下子全都變了樣。從前在外科總是三人行當值，現在只剩我一個孤軍作戰；好不容易熟習了傳統的手寫藥單，如今要重新開始適應IPMOE的運作；成人的靜脈大多能用肉眼見到甚至觸摸到，但替孩子們抽血、打豆卻經常要依賴儀器輔助，在混亂間才勉強照出一片斑駁模糊的血管剪影。

在兒科實習期間，對於抽血，我慢慢領悟出一套心得。年紀大一點的孩子沒那麼怕痛，血管也較明顯，只要他們能乖乖配合，把手臂伸直並靜止不動，我就能以「飛機仔」（butterfly needle）配上針筒快速地抽取所需的血量。遇上剛出生不久的黃疸寶寶也不錯，只需在他的腳底輕輕一刺，然後便能像擠牛奶般擠出新鮮的血液，過程沒什麼難度。那些年紀不大不小的嬰兒和孩童，才是最難纏的一群。

還記得我在兒科值班的首個夜晚，第一次要向手無寸鐵的「小豆釘」抽血的情形。當時我定睛看著那隻肥厚小手，翻來覆去也找不到一條可下手的血管，我忽然懷念在外科那些乾癟癟、鬆垮垮的老嫗的手。我只需替她們纏上幾圈止血帶，輕力拍打數下，刷一刷酒精棉片，撫平手背上的皺摺，細看之下必有幾條薄弱的血管浮現眼前，儘管在過程中常常揚起不少久藏在皺摺間的皮屑……

思緒回到那一晚。我的針還未刺下，小小的愛哭鬼已放聲嚎哭。我在心裡吶喊：「要哭的人該是我！」面對眼前的「米芝蓮車胎人」，毫無經驗的我根本無從入手，即使用上手提的紅外線血管透視器亦無功而回，我唯有尋求當值MO協助。只見她快速地把一支短針斜斜地刺進小孩的手背，任由針尾懸在半空，微量的血液便緩緩地流出，一滴一滴的滑進了迷你血樽——多麼彌足珍貴的血液啊！

後來我漸入佳境，戳中血管的成功率提升了，但有時候因流速太慢以致血液在滴淌的半途就凝固了，還是要多扎一針才能蒐集足夠的份量。那塊小小的圓形膠布下其實隱藏多個針孔，這可是不能說的秘密啊。

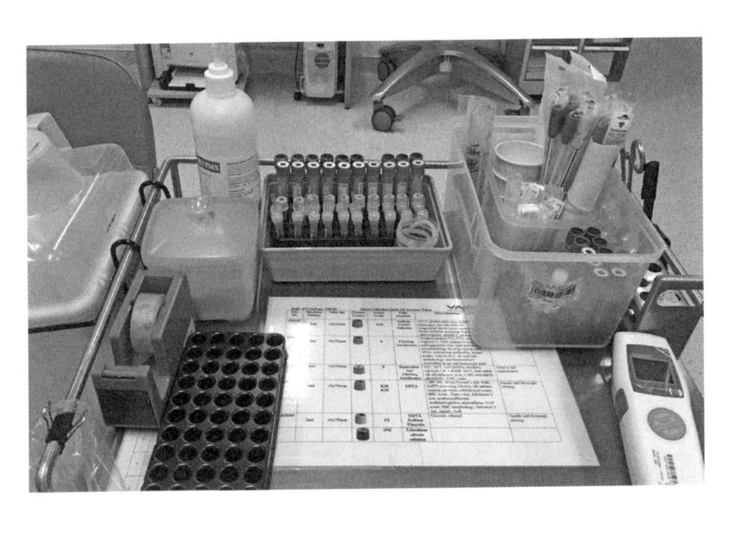

回想起我還是見習醫學生的時候，曾在兒科病房治療室目睹一場激戰：小孩被綁在特製的軟墊背板上，護士用力固定他的上臂，實習醫生低頭忙著跟幼細的血管玩捉迷藏，我則在旁負責掃描條碼、列印血液樣本的標籤貼紙。小魔怪當然不肯乖乖就範，他一面聲嘶力竭地呼喚著門外的媽媽，一面胡亂揮動著四肢要掙脱束縛。他的動作激烈得全身冒汗，連頭髮也像剛剛洗過般濕漉漉。結果他一共被刺了五針才能逃離呢！

當年我圍在床邊，置身事外；如今換我化身吸血鬼，每天在一片哭鬧聲裡竭力搾取鮮血，把一點一滴的血液注入樽內，也一點一滴地累積經驗。正所謂「工多藝熟」，抽血與打豆大概就是這麼一回事。

新手保姆訓練所

在兒科病房，想像力難免要豐富一點——抽血的時候像在牧場擠牛奶；放置靜脈軟管就如農夫種黃豆一樣。日子有功，這兩項工作不再是苦差事；在兒科病房的日子，反變得有趣。閒時逗逗小孩子玩鬧、學習如何照顧嬰幼兒，完全是「寓工作於娛樂」。這裡是一間新手保姆訓練所，教會我很多醫學課本以外的親子育兒冷知識，也讓我有不少反思。

育兒學前班

初生嬰兒大多長得差不多，雖然父母總愛爭論寶寶比較像誰，但旁人如我實在分不清他們的面孔。我只覺得每個新生兒都是一團柔軟的棉花，或是一磚易碎的豆腐，純潔卻脆弱。

實習之前我是連怎樣抱嬰兒都不太懂的，但在兒科病房，經過日常的觀摩與學習，我也漸漸掌握摟抱、餵奶、掃風與更換尿片等基本技巧。隨著收症經驗增加，慢慢亦熟悉如何預計寶寶每日所需的奶量、平均每天磅數增長多少、大小便的正常次數等數值。

在兒科實習就有這樣的好處，給你預先上了一堂育兒學前班。我從此對奶嘴種類、奶粉品牌、紙尿片或濕紙巾的價格都略知一二！完成這一水實習後，或許我可以嘗試應徵兼職保姆呢。

扭氣球教室

從前在教學醫院的兒科病房 clerk case 時，偶爾會遇上小丑醫生為病童表演魔術或扭氣球，我總愛站在一旁偷師。然而在兒科實習的某個值班夜，我才首次有機會親手扭氣球。

那夜的新症數目不太多，晚飯後我便跟兩位同樣候召的 MO 待在休息室。他們從抽屜取出一整袋長條氣球，熟練地充氣、打結，轉了一圈又一圈，捏出一個又一個泡泡，不消一會就扭成一隻隻可愛的氣球玩偶。我當然不能錯過良機，立即拜師學藝，上了一堂免費的扭氣球啟蒙班！

自此之後，我開始自學起來，漸漸能拔出寶劍、綻放鮮花、變出波板糖來。我想，望著一室糖果色的繽紛氣球，無論是家長和病童，心情也會頓時舒暢起來吧？

守護的秘密

在兒科的收症紀錄範本中，有一欄要填上雙親的年齡、職業與家族病史。有次問到這些背景資料時，孩子的爸媽竟吩咐外傭把孩子帶離房間，還緊張兮兮地把門鎖上。以往我也遇過家庭複雜的病例，如父母親歲數差距甚遠、二人皆失業、正處於分居或離婚的狀態等，他們都未有如這對家長般避忌緊張——到底這個家庭埋藏著什麼不可告人的秘密？

房間裡只剩下我們仨，二人不再吞吞吐吐，道出的竟是孩子真實的身世——她是被領養回來的。這樣老套的電視劇橋段，原來現實中也有不少類似的故事。後來我得知領養一個小孩的繁複手續，事先要經過一系列的評估與探訪，還要克服心理關口、面對親友的目光和疑問，光想想就覺得不簡單。

兒科眾生相

由剛出生的嬰兒到踏入青春期的少男少女，零至十八歲的病人都有機會在兒科病房裡出現，住進來的孩子更來自五湖四海，有不同種族、學校與成長背景，還有家長們「千奇百趣」的言行舉止，全都構成一幅兒科眾生相。

有人操著流利普通話大吵大鬧，對醫護人員呼呼喝喝；有人文質彬彬以禮待人，還關心我們有否足夠的休息。有家屬一時疏忽未有把病床的欄杆拉上，使嬰兒從病床跌了下來，卻不斷推卸責任；有親友每晚守候在孩子身邊，徹夜無眠，寸步不離。

抽血期間，平常我們都規定家長要在治療室門外等候，一來是為免他們看見孩子受苦而心痛，二來是為了減低自己在眾目睽睽之下要「一針見血」的壓力！當醫護人員替孩子抽血時，哭啼聲自然少不免。我見過有家長不但沒有出言安慰孩子，反而責備他不夠堅強勇敢；也有父母在治療室門外按捺不住，竟然擅自開門闖進來，罵我們弄哭他的寶貝！

最難忘的，是我遇上一位暖男爸爸。那次我破例讓這位態度友善的父親陪伴在小男孩左右，他一邊唱著兒歌，一邊講著兩父子熟悉的超人故事，接著又說醫生姐姐要在血液與鼻液裡「捉蟲蟲」，提醒孩子要乖乖吃藥才能打敗殘餘在體內的「怪獸」。他窩心的言詞成功打動孩子，有了他在場不但沒有阻礙我們工作，還令我的抽血過程更加順利，我們倒要感謝他呢！

不像內科那般苦澀難嚥，也沒有外科那樣辛辣嗆口，兒科病房中有一群稚氣未脫的小孩與童心未泯的醫護，在這裡可算是每個實習醫生的蜜月期呢！

兒科病例貼紙簿

自從當上實習醫生後，每逢遇到值得借鏡學習或令人印象深刻的病症個案，我都會把病人的標籤貼紙收藏在簿裡，日後掃描一下這些條碼，就能在電腦屏幕上翻查病者的住院紀錄，也能隨時追蹤其病情的最新進展。

在兒科病房渡過了一季，這本貼紙簿已收錄了不少難得的病例，它們有時候跟教科書裡的典型描述如出一轍，所以一眼就可輕易認出；但有時候「真相」亦會隱藏在最普通的主訴之中，要靠抽絲剝繭的深入提問才能揪出某些不尋常的徵狀，再根據檢查線索得出準確的診斷。

同樣是普通的咳嗽症狀，幾個鄰床病童的病因卻完全不同：有的是經病毒傳播的上呼吸道感染（URTI），有的是由細菌引致的肺炎（pneumonia）。要是孩子看起來還氣喘吁吁，就要靠臨床特徵如年齡、不同的喘鳴聲來分辨到底是嘶哮症（croup）、急性細支氣管炎（acute bronchiolitis），還是哮喘（asthma）發作。有次病房裡出現了較為罕見的百日咳（pertussis）個案，醫生憑著豐富的經驗與敏銳的聽力，早在檢驗報告結果回來前，已作出正確的診斷。

出疹是另一種常見的兒科病徵。學醫時曾背誦各類皮疹的形態、顏色、大小等等，但光靠文字描述與參考圖片，印象始終不夠深刻。要親自跟病人接觸過，皮疹的影像和相關病症的聯繫才能牢牢的存入腦海中。

每次得知病房收了 fever and rash 的新症，我總會不期然緊張起來，因為與皮疹相關的病症實在存有太多可能性：細心觀察疹子的分佈位置，對手足口病（hand foot mouth disease）的診斷尤其重要；玫瑰疹（roseola infantum）常在孩童退燒後才冒出來，所以出疹與發燒的時序也不容忽視；猩紅熱（scarlet fever）的紅疹帶有獨特的觸感，撫摸起來如沙紙一樣粗糙；水痘（chickenpox）的形態會隨時間逐漸變化，先是微微隆起的丘疹，再長成一顆顆豆狀的小水疱，最後才慢慢乾涸結痂。

然而感染只是其中一個出疹的成因。以下幾個出疹的病例則與自體免疫系統有一點關係，想不到在實習期間讓我遇過幾遍。

免疫性血小板減少紫斑症（immune thrombocytopenic purpura，簡稱 ITP）獨有的表徵，就是皮膚上會出現點點紫斑，那是由於血小板數量過低所引致。病人身上亦可能會莫名地出現瘀青、鼻黏膜或牙齦出血，嚴重者甚至會發生突如其來的腦出血，要是等到小孩出現抽搐、神智不清等病徵時才求醫就太遲了。

過敏性紫斑症（Henoch-Schönlein purpura，簡稱 HSP）是一種全身性的血管炎，微微浮起的紫斑通常散佈在病童的下肢與臀部，按下去會有壓痛感覺。當日那個小男孩不斷嚷著肚子痛，揭起他的褲管後，我竟看到他的雙腳紫斑處處，腳踝亦腫脹著。HSP 除了出紫斑外，還有腹痛與關節炎的典型病徵，以上三者老是在試卷裡一併出現，跟小男孩的情況完全吻合！

川崎症（Kawasaki disease，簡稱 KD）是由一位日本兒科醫生發現的，故以其姓氏命名。其主要徵狀包括發燒超過五天、雙眼結膜充血、嘴唇潮紅乾裂、頸部淋巴脹大、手掌腳掌紅腫等等。起初的時候，持續高燒可能是唯一的病徵，在病童身上出現的疹子又如百變怪般會化成不同形態，所以診斷過程就像儲印花換禮品一樣，醫生需要耐心等待，同時集齊多個臨床特徵才能確診並開始療程。

除了那些能充當教材的病例，簿內還另外貼有幾張平平無奇的標籤貼紙，背後卻隱藏著不為人知的小故事。

別人家的孩子都擁有寄託著祝福的名字，但這個標籤貼紙上卻只印有空蕩蕩的unknown 字樣。那個貼紙是屬於一個失去了身分的棄嬰，條碼中連他的出生日期、疫苗紀錄、過往病歷等資料也一概不詳。因身體的先天缺陷而被雙親遺棄在郊外，幸得途人及時拯救，這個可憐的嬰孩如今才能在病房享受片刻的溫暖。我們一眾醫護都愛圍在他的床邊逗他玩，又合力湊錢為他準備各樣的幼兒日用品，可謂「萬千寵愛在一身」。只是這樣的日子並不長久，之後他就要被送到別處暫時託管了。我在心中祝願他將來的路能夠走得平坦一點，最後能找到一個悉心照料他成長的領養家庭呢。

相比起遺棄親兒的殘忍，虐待與性侵兒童的個案更令人氣憤。收症紀錄就如一篇篇短篇小說，繪形繪聲地描述著赤裸的過程！為人長輩竟為一己之私慾，利用孩子的信任來作一些齷齪的事。在孩子的身體上留下那些看得見的瘀傷、在他脆弱心靈上刻下的心理創傷，無論往後如何努力修補，傷痕和裂縫都永不會消失。

在翻閱這本病例貼紙簿時，我會記得那個在巡房時跟我分享他心愛的玩具跑車的小男生、收症後把我一整張冰雪奇緣貼紙騙走的小女孩，還有許多許多在兒科病房中獨有的童趣與稚氣……只要看到他們的名字，就能喚起這些美好的回憶。

胎死腹中的遺憾

「Houseman，剛剛收了兩個新症——八週 PVB 和十一週 abdominal pain。」

「哦，好呀。」

護士循例報告一聲，然後就在牌板寫下「informed Dr. X」。我和同伴本打算去 DAT（diet as tolerated，醫囑的一種，意思是正常飲食）一會兒，現在看來又要將午飯時間延後了。

婦科病房裡的病人總是來去匆匆。我才剛剛完成一大疊出院功課，轉頭又要接收另一批新症。在這裡，懷孕期間的陰道出血（per vaginal bleeding，簡稱 PVB）或腹痛（abdominal pain）是最常出現的主訴。實習醫生要預先向病人查詢病史及作初步檢查。待駐院醫生到場，他們會首先打開「鴨嘴鉗」觀察病人的陰道與宮頸，再以指探檢查子宮與兩側，最後將超聲波探測儀置入陰道內或掃描下腹，結果一目了然。

隨著探測儀的滑動，實時熒幕顯示出一片黑白灰混合的剪影。當我還在努力辨認著相應位置時，駐院醫生已迅速指向那枚閃爍不定的光點，那是一顆正在跳動的微小心臟，是SVF（single viable fetus）的有力證據。陰道輕微出血、子宮頸未有擴張、胎兒心臟仍然跳動著——這名孕婦只是「作小產」（threatened miscarriage），如沒什麼其他大礙可即日出院。雖然這樣我又要準備另一份出院「功課」，但心裡還是替她鬆了一口氣。

然而並不是每位孕婦都如此幸運的。有人經超聲波檢查後，得到的是小產（miscarriage）或宮外孕（ectopic pregnancy）的診斷，一方面要接受突如其來的壞消息，一方面又要決定後續的治療方法。原本進院只為求個安心，誰知同一天竟成了手術日，當初得知懷孕的喜悅都要連同那殘留的胚胎被一掃而空。

未能確定胎兒存活與否，在醫學上稱作IUPUV（intrauterine pregnancy of unknown viability）。要是懷孕測試呈陽性，超聲波卻照不到胎囊的位置，則屬PUL（pregnancy of unknown location）的情況。以上兩者都是暫時存疑的診斷，還要等些時日，才能有進一步的結果，而胎兒最後能否正常發展，就看它的造化了。

身為婦科實習醫生，我每天的職責之一是在早上回到自己所屬的 cubicle 巡房，逐一跟進病人的情況，將要點寫在牌板上，決定病人往後的治療或出院安排，再向上級醫生直接匯報。

「三十六歲孕婦，先前育有一胎，經陰道自然分娩。現時孕期為二十二週，因胎兒心臟嚴重異常，故是次進院接受藥物流產。前天在產前診斷部，醫生已將氯化鉀注入胎心停止胎兒心跳，昨天一共用了三劑陰道塞藥，胚胎組織與胎盤在午夜時分已完全排出。」懷孕週數越接近二十四週，墮胎前都要先在胎心注射氯化鉀溶液，要不然頑強的胎兒被生了下來後還會動會哭，就會變得十分尷尬難堪——救也不是，不救又相當殘忍。

「病人現在只有少量的陰道出血，維生指數正常，腹部柔軟沒壓痛感，下午情況穩定的話我會讓她出院了。」我走到一號病床前，一邊翻揭著牌板的各類文件，一邊向副顧問醫生（associate consultant，簡稱 AC）作口頭匯報。

「出院後的覆診安排怎麼樣？不如就讓產前診斷組繼續跟進吧。」我根據醫生的吩咐在牌板裡添了幾行字，她隨即在下方蓋印作實。

走著走著，我們來到八號病床前。這一星期以來，孕婦與胎兒的情況都未如理想，再拖下去對孕婦自身也有一定風險。

「進來時才剛剛足十九週，屬未足月早期破水（preterm premature rupture of membrane）。胎兒尚有心跳，但近幾天的超聲波報告顯示羊水正逐漸流失，已經到了難以量度的程度。臍帶開始掉落至子宮頸內管，白血球與發炎指數更有上升的趨勢。」羊水過少會導致胎兒生長空間不足，造成四肢畸形、肺部發育不全等現象；胎膜早破亦會增加絨膜羊膜炎、宮內感染的機會，隨時威脅母體性命。

「可以多給我幾天再作考慮嗎？寶寶還未放棄生命，我也想繼續堅持下去。」這位媽媽每天都在討價還價，拒絕接受醫生建議的終止妊娠。

接著我們把她轉移到治療室重複檢查，超聲波結果顯示情況每況愈下；打開了「鴨嘴鉗」一看，更有一小圈臍帶已由宮頸口脫垂到陰道。雖然這是我第一次親眼目睹cord prolapse，但我也心知不妙。事情已發展至無法挽回的地步，她終於決定放手，含淚答應以藥物終止懷孕。

身處婦科病房，我們每天都見證著不少生命的隕落。那些無緣跟父母相見的孩子、那些懷著傷感與遺憾的母親，來了又走。不過，誰能預料，假若孩子們勉強出生，他們和父母又要受人世間多少的苦呢？我不知道，或許永遠都無法得知。

羅曼蒂克後遺症

情人節將至，我不幸地被編排在二月十四日當晚值班，可幸的是我已習慣遠距離戀愛，在特別節日也可慶祝可不慶祝的，就讓其他同事準時下班跟另一半共度佳節吧。

想當年我在婦產科見習時，醫生向我們介紹可以三百六十度旋轉的gestation calendar，內外兩圈刻滿了日期與數字，把輪盤轉一轉，將箭嘴指向最後一次來經日期，就能得知孕婦現時的懷孕週數，也能計算出腹中胎兒的預產期。反過來，從預產日期逆時針方向推算，就能估計那枚受精卵是何時結合而成的。同組的男生傳閱後，笑說十一月大概是寶寶出生的熱門月份。為什麼偏偏是十一月呢？你懂的。

每年的二月十四日，是屬於情人們的羅曼蒂克日子。夫妻或情侶難免會在浪漫的氣氛下溫存纏綿一番。但要是雙方都沒有做好安全措施，在未有共識或計劃之下令女方意外懷孕，明明喜事一樁也會演變成一齣悲劇。就如生活中所有的抉擇一樣，性行為本身就有risks and benefits，雖然不用簽署白紙黑字的同意書，但在行動之前最好先考慮清楚雙方能夠承擔的風險吧。

婦科病房曾接收一個由兒科轉來的病人。她是個十四歲的初中女生，月經遲遲未來，自己不以為意，卻被機靈的母親發現她懷有身孕。因為她年紀太輕，連墮胎同意書也不能親自簽署，也因她未滿十六歲令其男友觸犯法例，聽說學校已聯絡警方。

我在產房也曾遇到「腦囟都未生埋」的未婚媽媽，身邊沒有丈夫陪產，宮縮與陣痛來襲時只懂呼天搶地大哭大鬧，甚至會衝口而出：「早知當時落咗佢！」後來催生不果，要安排緊急的剖腹產子，她又無知地問醫生可否改為進行微創手術，因為她不想在肚皮上留下難看的疤痕。助產士們都被她氣得快要吐血！

某次，當我正在準備病人的出院文件時，發現牌板封面貼著一張寫著「confidential to relatives」的便條紙。我打開她的電腦病歷，發現原來她曾有盆腔炎和多達七次的墮胎紀錄。她遇上現任丈夫後，計劃要生小孩，這次成功懷孕，卻因宮外孕而要接受緊急的輸卵管切除手術。輸卵管發炎會使管腔收窄、結疤，受精卵便難以進入子宮著床，反之有機會選在不適當的位置繼續生長；而在子宮外的受精卵一旦破裂，會造成劇烈腹痛與大量出血，令孕婦的生命危在旦夕。這個病人就算能夠向伴侶與家人隱瞞病歷，她真的可以忘記往事、假裝失憶，甚至欺騙自己嗎？

婦產科是一個充斥著錯配與矛盾的地方，以上的故事只是冰山一角。小生命的誕生本應為父母帶來喜悅，但發生在錯誤的時間或遇上不對的人，就釀成慘劇，造成一個個破碎的單親家庭、遺下那麼多被拋棄的嬰孩，或徒添一群無辜的亡魂。無論是男生或女生，也要對自己的行為負責。若只追求一夜的歡愉與快感，卻懶理往後帶來的無窮後患，毀掉的並不止是當事人的人生啊！

當然，即使正確使用了安全套或準時服用避孕藥，也不能保證女方絕不會意外懷孕。就連結紮手術也有機會失效，你就知道世上並沒有百分百成功的避孕方法，更何況有人還選擇用計算安全期或體外射精等高失敗率的避孕措施。無論發生婚前性行為與否、採取何種避孕方法，也只是人生裡的其中一個選擇，接下來無論有沒有事情發生，至少在心理上都要有所準備。

情人節的送禮選項多不勝數，是否真的要把自己的身體送出去呢？雖說情到濃時難自禁，但也緊記要注意安全。我以往在外科與婦科當值時，分別遇過陰莖「骨折」（陰莖白膜破裂）與陰道撕裂的個案！期望在二月十四至十五的當值晚上，我能好好睡一覺，不用接收這類新症吧！

寶寶與他們的產地

踏進一個「全院滿座」的產房曾經是我的期望，因為當時要儲夠醫學院規定的「執仔」數目，所以在場待產的孕婦數目越多，我們取得簽名的機會就越大！我最害怕是呆等了半天卻空手而回，然而，這都是醫學生時代的往事了。

如今在婦產科實習的我，恰好相反，最不希望產房裡擠滿待產的孕婦。假若值班時瞄到產房的白板上佈滿了名字，當晚我的傳呼機就很有可能會「嗶嗶嗶」響個不停！

產科的運作流程其實並不複雜，一般來說，孕婦都會先住進產前病房，再到產房誕下嬰兒，最後在產後病房休養。護士都不希望病人在自己工作的地方不斷累積，所以每逢遇到要接收或轉送個案都會牽動她們的情緒；但對於實習醫生來說，病人身處何方也一樣，反正事無大小我們都會被召喚過去的。

產前病房總是熱熱鬧鬧的。每個待產婦的床邊都擺放著監察儀，喀嗟喀嗟地打印著胎心頻率與宮縮規律的紀錄紙條，噗通噗通的胎兒心跳聲此起彼落；準媽媽們嘰嘰喳喳地聊個不停，分享著自己懷孕多月來的血淚史。正所謂「三個女人一個墟」，每當我走近她們的床邊抽血，總感覺初次見面的她們已熟稔得像相識已久的閨蜜一樣。

暖洋洋的產後病房則是另一番光景。新手媽媽在遮掩用的簾布後開始生澀地餵哺母乳；襁褓中的嬰兒時而深沉熟睡著，時而哇哇大哭。到了探病時間，病房內外都擠滿了人，親朋戚友齊來道賀，寶寶在眾人的簇擁下又呱呱的啼哭起來。

而產房重地是以上兩個病房的中轉站，亦是很多父母人生的轉捩點。從前在產房見習時，遇過很多感動時刻，但如今一切與工作掛勾，我也不再興致勃勃地在此逗留太久，因為實習醫生每次步入產房，要處理的事情可真多啊！

首先是簽名。每間產房的工作桌都鋪滿一張又一張的藥紙，上面印有預防產後出血的子宮收縮劑、嬰兒初生後注射的維他命K針等。待我們簽署後，護士就能按指示時間給予病人所需藥物。

然後是無數的打豆與抽血。為孕婦打豆，這裡慣用 16-gauge「灰頭」，比起兒科常用的 24-gauge 幼細「黃頭」，針管足足粗了一大圈，長度也異常驚人，大大增加了打豆抽血的難度，幸好孕婦們的血管大多是脹鼓鼓的。成功置好軟管後記得要及時按緊，才能抑止澎湃的鮮血湧出。

接著便是敲膝檢查。要是孕婦同時出現血壓高、蛋白尿等徵狀，會被診斷為子癇前症（pre-eclampsia）。當醫生為病人處方了硫酸鎂來預防子癇發作，我們便要跟從牌板上的「Q1H knee jerk」指令，每隔一小時看看她是否還有反射動作，因為過量的硫酸鎂首先會影響神經系統。要是在夜闌人靜、睡眼惺忪之間，久不久就有人手持槌子來敲打你的膝蓋，也覺有點陰森詭秘吧？這對於病人和我來說，也蠻困擾的——那一夜註定難以成眠了。

確認「穿水」也是實習醫生的任務之一。孕婦若懷疑自己穿羊水了，我們便要打開「鴨嘴鉗」觀察陰道，看看裡面是否淌著一灘或清澈或混濁的液體；如目測無從判斷，就以試紙來確定。再以兩指探進去作觸診，檢查宮頸擴張到什麼程度，度數會以一至十作指標，「開十」就是宮頸全開的意思。

最後是「拉扒」這個重任。凱撒沙律或許是產科的獨有禁忌，因為 Caesar 會令人聯想到剖腹產手術。實習醫生要在手術中全程擔任助手，負責「拉扒」——利用不同的手術儀器把切口拉闊、撐開，好讓主刀醫生看清手術範圍，有足夠的空間下刀、縫針和止血等等。

在兒科實習的時候，我總是特別鍾情於那些臍帶還未脫落、才幾天大的初生嬰兒。如今在產科實習，更常常有機會「上枱」參與剖腹產手術，親眼見證小生命降臨的神聖時刻。過程當中最令我感到自豪的，就是我使勁地在孕婦的肚皮上幫忙推擠按壓子宮、看到寶寶順利露出頭的一刹那。在那一瞬間，我覺得人生還是滿載著希望的。人在出生的那刻，已衝破了人生的首個難關，我們好不容易才來到這個花花世界，即使前方還有數之不盡的挫折與苦惱，但我依然相信，黑夜終究會過去的。

就如在無數個當值的晚上，我於醫院走廊來來回回地穿梭著，一束日光慢慢從窗外透進來，我才驟然發覺，漫長的黑夜已經過去，天終於亮起來了。

針線下的一場探戈

一盞盞手術燈朝枱上照射出明亮的光線，悠揚樂曲隨著麻醉藥的發揮緩緩響起，我跟我的「舞伴」——主刀醫生各自轉了一圈，繫好腰帶，雙手凌空置於胸前，擺出預備姿勢。

孕婦清醒地平躺在手術枱上，主刀醫生倒下一小杯消毒用的碘酒，塗滿她隆起的圓鼓鼓的肚皮，然後我們同時拉開帷幕似的消毒布巾，開始「翩翩起舞」。剖腹產手術的過程就如一場熱情的探戈，主刀跟助手的步伐必須相互協調，彼此要有合跳雙人舞的默契。

醫生手執一把鋒利的手術刀，在那呈深黃色的腹部輕輕橫向一劃，繃緊的皮膚隨即被分割成上下兩邊，裂口中露出皮下脂肪。血斷斷續續的滲出，像雨點在窪中不停積聚。我用長條紗布把血拭去，雙手要如車前擋風玻璃的一對水撥，確保主刀有清晰的視野。

醫生手持剪刀霍霍地開合著，在我手中的牽開器便緊隨它的步伐移向同一邊；我將鉗子牢牢夾緊皮下組織並向上提高，待醫生完成剝離的步驟就悄然鬆脫離場；當電刀靠近鑷子觸碰傳導產生熱力，我便用真空吸管主動趨前驅散煙霧。一層一層的往下解剖與剝離，筋膜、肌肉、腹膜與子宮相繼呈現眼前，我和主刀醫生要互相配合，把左右兩邊的裂口往外拉，合力將切口盡量擴闊增大。

剖開子宮的一刻要來臨了，大量羊水在刀鋒切開子宮的一剎決堤似地傾瀉而出，流瀉到枱面每個角落。

主刀醫生伸手進羊水中撈起胎兒的頭部，命令我在裂口的上方朝著子宮底部按壓，我使盡全身的力氣在肚皮上推擠，希望寶寶能夠快點順利出生。頭部、肩膀、前臂、臀部與下肢順序滑出；螺旋狀的臍帶還連繫著母嬰二人，不消一會也被我們穩穩夾妥並剪斷了。醫生一邊搓揉著子宮使它持續收縮，一邊小心翼翼地拉扯仍連接著母體的臍帶一端，接著血淋淋的胎盤在牽引下徐徐滑出，功成身退地脫離母體。

接下來，我們趕緊將子宮裂口縫合起來。主刀醫生來來回回地把針尖刺入、穿出，我則負責一收一放的「跟線」，每針都要捏緊縫線不讓它鬆掉，待醫生打結完畢便爽快把線尾剪掉。針線在裂口的上下層間交替穿梭，最後呈現出一條像餃子摺痕般的縫口。

護士在旁反覆點算，喊出 Littlewood、Green Armytage、Czerny 等器材名稱，以確保所有手術工具、紗布與針線的數目正確，避免任何物品遺漏在產婦體內。醫生則一邊手執電刀或針線止血，一邊將腹腔內的器官與組織回復原位，逐層逐層地往上縫合，最後把兩邊肚皮拼合回來，打上一排整齊的深藍色套結。

手術室的背景音樂靜止了。我把身上的「舞衣」扯脫，除下沾滿污血的手套與長靴，把塑膠圍裙、眼罩、口罩與頭套通通扔掉，再重新披上那件塞滿了雜物的白袍。我匆匆在病人的牌板上寫好手術後的安排，便趕忙回到病房處理因緊急手術而被暫時擱置的工作。

離開產房不久，一陣比嬰兒初啼還要響亮的鈴聲從我的右方口袋傳出。我掏出那部整晚都在震動作響的傳呼機，發現又是產房來電。

「Houseman，啱啱 book 咗個 emergency Caesar for unsat CTG，你又要過嚟『拉扒』啦！」

剛經歷了一場探戈的血淋淋「舞鞋」。

候士民的碎碎念

為了避過公立醫院的冬季服務高峰期（winter surge），我特地把內科實習期安排在最後一水。原以為四至六月的入院人數會大幅減少，但原來內科病房是一年四季都處於爆滿狀態的，病床佔用率要達至 150% 也並非遙不可及！

實習醫生向來是一群被徹底馴服、任勞任怨的低等奴隸，每天都要乖乖服從上級醫生、病房護士與住院病人的差遣，在內科實習就更加辛苦，無窮無盡的工作讓我們忙得天昏地暗，恍如跌進了人間煉獄。所以我們一眾 houseman 在私底下也會大發牢騷、互吐苦水，在當值時齊齊計時倒數，更常常嚷著要提早退休甚至「劈炮唔撈」！畢竟我們也是人，有時忙得連吃喝拉撒睡的基本權利都被剝削了，誰又真的能毫無怨言、不帶半點情緒呢？

地獄輪迴 call

「三日一 call」是個相當痛苦的循環，每隔三天便要留在醫院當值一晚，即是每天都要在 pre-call、on call 和 post-call 之間不斷輪迴。有些部門更不設通宵值班後的半天休假，on call 翌日還要繼續完成一整天的工作，連續上班達三十六小時。如此不人道的超長工時只會令我們精力盡失，變成一群目光渙散、身心俱疲、行屍走肉的喪屍。

缺水缺糧的折磨

護士長會安排病房護士在上班期間分批小休，每次聽到他們說是時候要去「飲水」、「去 tea」，整天被困在病房的我就不期然羨慕起來。某次當我極度口乾舌燥時，一個兒科姑娘竟為我遞上盛滿溫水的奶瓶，讓我非常感動！實習醫生大多食無定時，吃飯的時間要視乎當天的忙碌程度。我曾試過在揭開外賣飯盒後，傳呼機便響起來，回來時飯餸都放涼了；也試過在飯堂點菜等待取餐時，被急召到病房工作。值班當日，有時要等到晚上才有空補吃午餐，或直到凌晨才能抽空到便利店吃杯麵。

遇上「白衣天使」是需要運氣的

每個 MO 也曾當過 HO，所以大部分 MO 都對我們十分友善，然而有少數人已忘卻身為 houseman 的苦況，還把額外的工作加在我們身上。例如看病人時刻意跳過探肛檢查，卻拋下一句「PR by HO」（由實習醫生進行 PR exam）；每次病房有新症都命令 houseman「收住先」，然而我們還要跑東跑西完成 MO 在牌板寫下的各樣指令。除了要應付在 houseman 工作範圍內的抽血全餐，要是抽血員說「找不到血管」或發現「困難豆」，我們也要硬著頭皮挑戰這些額外任務。

至於護士們亦有高下之分。專業的護士會懂得判斷病人的病情緩急，甚至自行處理好病房的大小事才一併致電給我們，讓我們前往病房工作前能有所預備；但也有個別的護士只想到自己，會因為一件未解決的小事不斷打擾你。如當我們正在忙著為另一病房的病人進行急救，口袋裡的傳呼機卻響個不停——原來只是因為有一大疊未蓋章的正常檢驗報告；發現了「異常」低的 K 3.3（血鉀水平，正常為 3.5 至 5.0 mmol/L）；病人半夜要求簽紙離院而我還要為他即時準備藥紙、病假紙、轉介信等文件！

以上的種種苦況，當過「候士民」的都會心照不宣。我們也不敢抱怨太多，怕被嘲諷「唔捱得」，但如今已經撐過十個月的實習期了！希望醫生、護士與病人之間都能夠多一點體諒，令這個本來像地獄的地方變得美好一點吧。同時提醒著自己，日後正式成為MO後，要善待自己的houseman呢！

校外求生備忘錄

令人期待已久的 assistant interns 終於在五月中旬來了！去年是由我們這一屆醫科畢業生向即將卸任的 houseman 取經學習，如今輪到自己帶領著師弟師妹，指導他們完成一份份的病房「功課」。這種不再是孤軍作戰的感覺還真不錯呢！

要傳授文書處理、打豆抽血等的技巧並不難，只要他們多累積實戰經驗自然就會上手；但有些事情卻是教不來的，要靠每個新紮醫生自行摸索。

我曾寫下一份 self-reminder，用以提醒自己往後要避免犯哪些過錯、感到迷惘和氣餒時該如何應對等。雖然理想與現實總有一定的差距，但以下都是別人對實習醫生的期望與要求，也是身為 houseman 要盡力堅守的原則與底線。

別讓自己成為下一個病人

醫院向來是個極度危險的地方——到處埋藏著肉眼看不見的惡菌與未知病毒；設備室裡佈滿銳利的針筒及手術刀；病人也隨身帶備屎、尿、血、膿、痰等「攻擊性武器」！

為肺結核病人檢查視力是內科實習醫生的工作之一，雖然戴上 N95 口罩很麻煩，進出隔離病房也只是短短數分鐘，但看到空氣傳染防護措施（airborne precaution）的指示牌的話，就不要拿自己的健康作賭注吧。

如不慎遇到 needle stick injury，確是不幸，意外發生後除了要接受抽血檢驗，被針刺的「受害者」還要忍受空窗期的漫長等候。所以我每次手持沾了污血的利器時都會加倍留神，由傳遞到棄置的過程都小心翼翼地依足程序完成，因你不知道病人到底有多「毒」——連最純潔的嬰兒也可能是乙型肝炎帶菌者或愛滋病患者。

病房裡偶然還會出現不受控制的「狂徒」，碰到這些病人不要單人匹馬走到他的床邊，護士們通常會主動上前協助的。曾試過要出動四位壯男護士合力壓制一個已被「五花大綁」的大力伯伯，才能讓我絲毫無損地為他抽取十多筒血液！

醫護人員並不是鋼鐵造的，我們的工作雖然忙碌，但緊記吃飯喝水是人類生存的基本要素。要時刻留意自己的身體狀況，假如因血糖過低而昏倒在病房，自己不就成了同伴的負擔嗎？

救急扶危雖說重要，但首先要學懂保護自己，安全至上，千萬別讓自己變成下一個傷者或病人啊！

一次也不能踏進的陷阱

實習醫生的受訓期通常是十二個月，但要是中途犯下嚴重錯失，就可能會被延長實習期，甚至影響更長遠的仕途。假若涉及風化案或其他刑事罪行，當然不值得原諒，但以下是每個實習醫生都有機會墮進的「陷阱」，隨時一失足成千古恨，所以我們必須小心提防，否則害了自己亦害了病人。

止血帶（tourniquet）是我們經常會用到的裝備，將它捆紮在病人的手臂或腳踝上，便能暫時阻斷血流，令血管顯而易見，方便抽血打豆的工作。但完成工作後，一旦忘了鬆脫止血帶，就可能會使病人肢端缺血壞死，後果不堪設想。

「輸錯血」是指把與病人不相容的血液輸入其體內，有機會造成急性溶血性輸血反應（acute hemolytic transfusion reaction）。所以當我們為病人作配血檢驗（type & screen）時，必須多次核對資料、確定無誤，避免血型錯配。假如因為自己的人為疏忽而導致無辜的病人受到生命受脅，所帶來的內疚會纏繞一生。

勿以惡小而為之

現今社會有永不認錯的高官，卻沒有從不犯錯的神醫。初為人醫，犯下小錯總是難免的，例如漏看牌板裡的一項「功課」、轉介信下方欠缺簽名及蓋章、在藥紙上錯寫了劑量或服用途徑、在電腦系統點選了多餘的放射檢查等等。幸好有病房護士們仔細閱讀牌板上的一字一句，為我們這班新紮醫生檢查「功課」，也多得藥房、放射科等部門的同事把關，容讓我們從錯漏中汲取經驗，慢慢熟習起來。

然而工作久了，尤其在深夜值班受到倦怠與睡意的侵襲時，你可能會不自覺變得馬虎、得過且過，甚至無意間犯下一些平常不會犯的錯。為病人抽血時，不如只抽取實習醫生需負責的血量，其餘的檢驗樣本便交給抽血員吧？打鹽水豆並不屬於我們的工作範圍內，不如讓病人再等一下？化驗結果看起來有點異常，不過待明早巡房的 MO 再處理也不急吧？

工作量繁多，內心有掙扎的時刻是情有可原的，但永遠要記得「do no harm」。分開多次抽血不是不可，但有想過病人被多扎一針的痛楚嗎？不從靜脈導管及時注射藥物，或會延遲病人的治療進展的。假若人手足夠、時間許可的話，便盡量多做一點工夫吧。無論再累再睏都要應 call、在牌板上如實寫下每段記錄，「勿以惡小而為之」。對得起良心、安守本分是最基本的醫者原則。

勿以善小而不為

早上巡房的時間都有限制，主診醫生有時未必能抽空向每個病人詳細解釋病情進展。家屬在探病時，常常會向穿上白袍的我們查問，要是曾跟隨醫生巡房、對病情比較熟悉的話，不妨多說幾句，令病人與家屬都放心一點。

病人若拒絕抽血化驗、接受輸血等治療，護士會吩咐我們為病人簽署一份 refusal form。其實只需寥寥數筆，我便完成任務。可是，若果多問一句，便能了解病人拒絕的背後原因，藉此消除對方的疑慮或誤解、勸導病人改變主意接受醫生的治療方案，何樂而不為呢？

在確認病人脈搏、心跳與呼吸都停止，並用手電筒照看到那空洞散大的雙瞳後，你大可以選擇在牌板草草寫上數句就轉身離去，交由護士向家屬說明狀況。然而，在完成檢查後，重新為死者蓋上被子、合上眼皮，輕輕道出一句「安息」，再手執那張如水平線的心電圖走到家屬身旁，緩緩地、莊嚴地宣布死訊，在遺體被送往殮房前，讓他們在床邊守候多一會……這些微不足道的舉動，或許會讓他們感覺好一點。

白色巨塔下的生存之道

能夠跟工作伙伴交朋友當然是好事，但醫院各個部門都論資排輩、病房內外時有不和、團隊之間常有鬥爭，這些都是無可避免的現實。實習醫生處於白色巨塔的底層，生存之道的宗旨在於不要到處樹敵、捲入是非，同時亦要小心處理男女關係；盡可能跟你的醫生上司、houseman 同伴、病房護士與 HCA 姐姐們保持良好關係。

犯錯後被責備當然要誠心道歉；但有時候慘被冤枉卻無從上訴，躲起來哭過呻過後便要重新投入工作，讓情緒隨眼淚蒸發。遭到病人或家屬的無理對待，也要吞聲忍氣。要是膽敢亂發脾氣怒丟牌板，丟架的只會是自己——在這個「人人都是公民記者」的時代，難道你想成為翌日新聞主角或網絡公審對象？

離開了醫學院，新紮醫生踏進的是一個危機四伏的職場，這裡滿佈陷阱、誘惑與紛爭，有些事或可獨善其身，但有些問題卻不能視若無睹。在臨近崩潰的香港醫療制度下，希望成為新血的師弟師妹們能繼續懷著滿腔熱誠，用自己的腳步探索學習，做一個稱職盡責的實習醫生！

後記

這一年初為人醫

在婦科，眼睜睜地看著生命的隕落；在產科，見證嬰兒呱呱落地的喜悅；

在兒科，重新發掘童心未泯的快樂；在內科，天天倒數死神來了的時刻；

在外科，目睹驚心動魄的手術過程；在骨科，觀賞一門別具匠心的手藝；

在麻醉科，拜訪隱身幕後的無名英雄；在急症科，遇見刻不容緩的前線部隊；

在精神科，打開一個個潘朵拉的盒子；在家庭醫學科，發現家家都有本難唸的經。

在五年的習醫生涯裡，我曾到殮房觀看驗屍過程、在大體老師身上學習解剖；向病人練習問症與檢查，寫下一份份鉅細靡遺的病歷，掌握視觸叩聽的檢查技巧；應付無數的筆試與臨床試，跨過一個又一個的難關。

而實習的一年則是由九十多個無眠的值班夜組成。我在宿舍與各個病房之間來回折返，透過走廊的玻璃窗或會看到那介乎於黑夜與黎明的天色，先是一片沉寂的漆黑，然後是從墨水暈開的午夜藍，再由澄明的靛藍轉淡，最後化為光亮的大白天。當值時總覺得時間過得很緩慢，然而如今回過頭來，一年的實習生涯已經完結。

夏末秋至，外科是我第一個實習地點。初出茅廬，遇到什麼困難都有一班戰友、上司出手相助。大家在反覆練習中掌握抽血打豆的基本技巧；在模仿與指導下學會如何收症與巡房；在突發的緊急手術與搶救途中累積經驗。對我來說，第一水實習的種種經歷都是特別刺激與難忘的。

秋去冬來，兒科病房洋溢著濃厚的節日氣氛，但高掛的氣球裝飾似乎引來更多新症。在這裡，我見過因先天缺陷而被遺棄、施暴甚至虐待的孩子；有人卻不介意小孩身世，把他們領養回家悉心照料。第二水的實習讓我遇上「千奇百趣」的家長與病例，也增長了不少育兒和親子知識，更渡過了一段輕鬆愉快的蜜月期。

新年伊始，我在「安產御守」的保佑下開始婦產科的實習。女人總是特別麻煩的：月經來臨與否、經期的疏密、經血的多寡皆帶來煩惱，同時意味著生殖器官的各樣病變；小產、流產、宮外孕的記錄都會伴隨一生，當中有多少是胎死腹中的遺憾，又有多少是無辜被殺的小生命？我在產房共輔助了五十五次剖腹產手術，第三水的實習回憶不免夾雜著鮮血與羊水的氣味。

步入初夏，內科病房仍像處於冬季服務高峰期一樣飽受人滿之患。我曾在一夜間連續接收多個 resuscitation call，一條條肋骨在我掌下應聲斷裂，又目睹瀕死的病人經歷幾次急救後，瞳孔早已對光線失去反應，但家屬仍然不願簽署 DNACPR（不予施行心肺復甦術）的同意書——到底我們是在拯救還是折磨生命？第四水實習的工作繁多而冗悶，無力感常常湧現，對生與死的界線也逐漸模糊起來。

這一年來，身為實習醫生，總是重複地做著瑣碎的事。我們坐在電腦面前工作的時間可能比接觸病人的時間還要多，每天的「功課」包括列印各式各樣的抽血或 X-ray jobsheet、病假紙與處方藥紙；撰寫各科轉介信、會診表格與出院總結；檢查病人的心電圖、X 光片、化驗報告是否正常；處理如病人出現發燒、氣喘、血壓高等的 ward complaint……無論如何努力清除那座堆疊得搖搖欲墜的「牌板山」，不消一會又重新堆積起來，每天的營營役役很容易使人忘記初衷，令人透不過氣來的工作壓力也叫人意志消沉。

然而，社會上總有一群人正努力不懈地工作，竭力將平凡的工作變得有意義且無可取替，使自己成為一塊支撐著世界運轉的重要齒輪。所以，即使自己所做的事看似微不足道，我們還是要相信自己的價值。從毫不起眼的徵狀或檢驗結果中，你有可能會首先發現被忽略的隱藏病因；抽取的每支血液、準備的每份文件未必能讓你學習良多，但這些對病人來說都是重要的。只要轉換心態，再瑣碎的工作都可以帶來滿足感。

我好不容易走到了這一年的終點。實習期是每個醫科畢業生必經的成人禮，這段水深火熱的日子相信沒有人想再體驗一次，但在這過程中所遇過的故事與教訓，都會深深烙印在記憶之中，終生受用。往後，披在身上的白袍的責任又加重了，因為我們不再是候士民，而要進化成各科的駐院醫生了！

僑文少女醫科札記

成醫路上的尋思與點滴

作者　胡希晴
總編輯　葉海旋
編輯　范嘉恩
助理編輯　麥翠珏
書籍設計　三原色創作室
出版　花千樹出版有限公司
地址：九龍深水埗元州街二九〇至二九六號一一〇四室
電郵：info@arcadiapress.com.hk
網址：www.arcadiapress.com.hk
台灣發行　遠景出版事業有限公司
電話：（886）2-22545560
印刷　美雅印刷製本有限公司
初版　二〇一七年十二月
ISBN　978-988-8484-03-4